桜美林大学 叢書 vol. 017

エディンバラ賛歌

大学・教会・街に満ちる音楽

横山正子
YOKOYAMA Masako

J. F. Oberlin University

古い死火山、カッスル・ロックの上にそそり立つエディンバラ城

登山口から見るベン・ネヴィス

山腹に横たわる幻想的な湖

プリンシズ・ストリートから眺めた旧市街。中世の高層住宅が立ち並び、立体都市エディンバラの特殊な街並みを示している

Edinburgh

エディンバラ大学神学科の本拠地、ニュー・カレッジ

学位授与式などが行われる大学のメインホール、マキュワン・ホール

Edinburgh

12 月の大学クリスマス・キャロル・サーヴィス。満員のマキュワン・ホール

グレイフライアーズ教会のイングランド製オルガン

Edinburgh

エディンバラのキリスト教発祥の地にたたずむセント・カスバート教会

セント・ジャイルズ大聖堂のオーストリア製オルガン

Edinburgh

セント・ジャイルズ大聖堂のオルガン演奏台（2014年、筆者のコンサートにて）

セント・メアリー・メトロポリタン大聖堂のオルガン演奏台

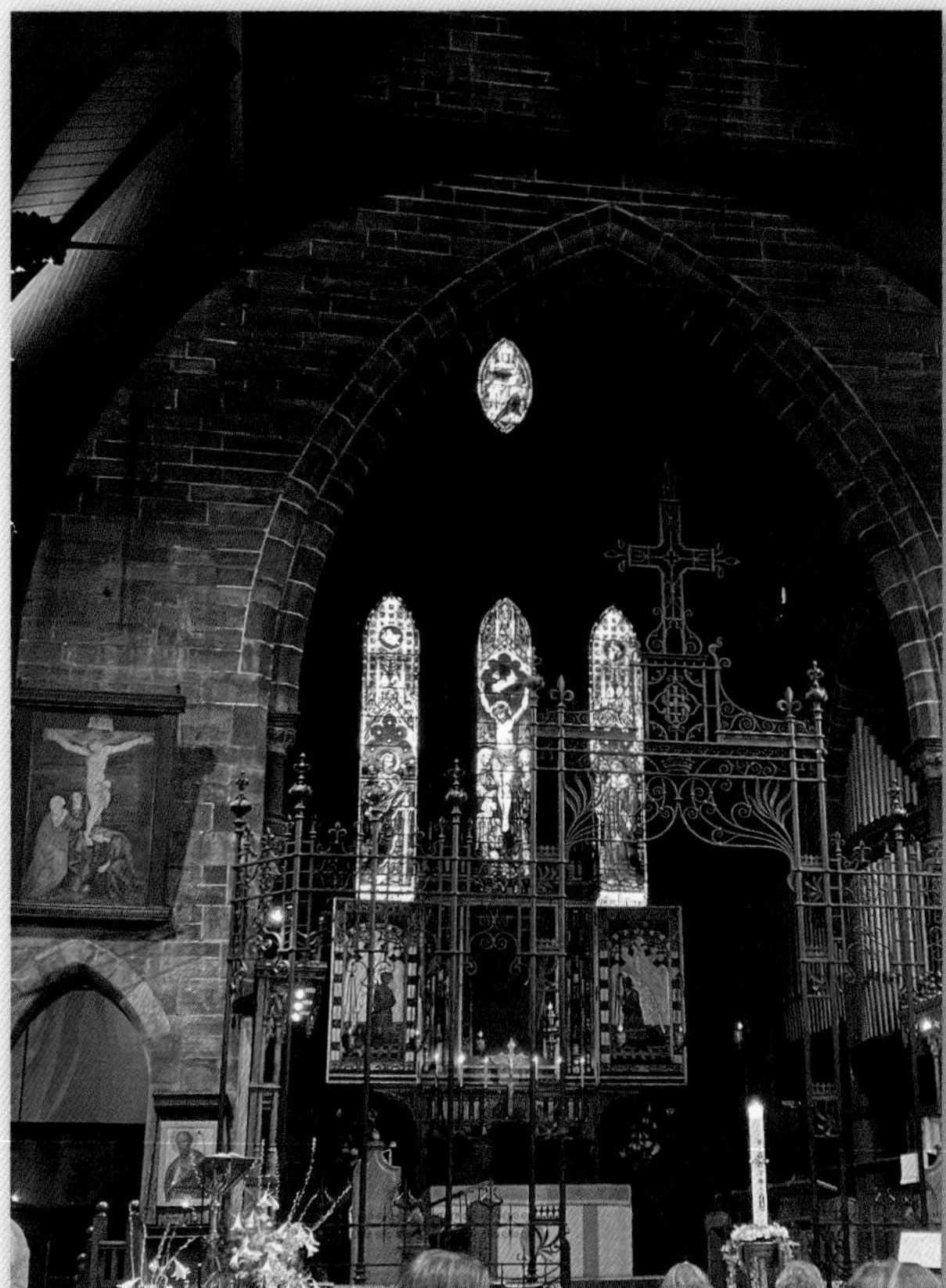

オールド・セント・ポール教会の祭壇。若草模様の鉄柵で囲まれ、右手には英国によく見られる、彩色をほどこされたオルガン・パイプがある

ウェイバリー駅構内もフリンジ会場である。演奏するエディンバラ大学生たち

エディンバラの夏を彩る音楽イベント、ミリタリー・タトゥー

フィナーレ。バグパイプとドラム、吹奏楽の大軍団。
城壁にはユニオン・フラッグが映し出される

Edinburgh

エディンバラ賛歌

ホリルード修道院
ホリルードハウス宮殿
ホリルード・パーク

北大西洋
北海
スコットランド
グラスゴー
エディンバラ
北アイルランド
マンチェスター
イングランド
ロンドン
ウェールズ

スコットランド
北大西洋
北海
インヴァネス
ネス湖
アバディーン
ハイランド
フォート・ウィリアム
ベン・ネヴィス
セント・アンドルーズ
アイオナ
ダンファームリン
グラスゴー
エディンバラ
ペイズリー
ロウランド
アロウェイ

スコットランド&エディンバラ市街MAP

エディンバラ市街
セント・メアリー・メトロポリタン大聖堂
新市街
カールトン・ヒル
クイーン・ストリート
ジョージ・ストリート
プリンシズ・ストリート
ウェイバリー駅
プリンシズ・ストリート・ガーデン
オールド・セント・ポール教会
ザ・マウンド
スコットランド国立美術館
ロイヤル・マイル
セント・ジョン教会
セント・ジャイルズ大聖堂
楽器博物館
セント・カスバート教会
ニュー・カレッジ
エディンバラ城
ザ・ハブ
カウゲイト
セント・セシリア・ホール
ヴィクトリア・ストリート
旧市街
フェスティバル・シアター
アッシャー・ホール
グレイフライアーズ教会
アリソン・ハウス
マキュワン・ホール
リード・コンサート・ホール
テヴィオット・ロウ・ハウス
エディンバラ大学メインキャンパス
キングズ・シアター
クイーンズ・ホール
ザ・メトーズ

はじめに――オルガン弾きエディンバラを行く

パイプオルガン奏者である私は、二十代終わりのころドイツに留学した。その後もたびたびドイツやオーストリアを訪れ、演奏会やセミナー参加を通してドイツ語圏の諸都市と関わってきた。したがって私の音楽的関心は主にドイツ語圏にあったし、演奏スタイルも、またオルガニストとしての働き方のイメージもドイツ風のものであった。

二〇〇五年、そんな私に思いがけない転機が訪れた。この年、ケンブリッジ大学に留学していた旧知の牧師を訪ね、初めてグレート・ブリテン島、すなわち英国と呼ばれる国に足を踏み入れたのだ。ロンドンとケンブリッジで一週間を過ごし、それから北上してスコットランドに入り、エディンバラにしばらく滞在した。八月だったので、エディンバラは国際フェスティバルの真っ只中だった。旧市街と新市街を擁するこの都市について、あらかじめ持っていた知識は乏しいものだったが、足の赴くままに歩き回った。高く低くバグパイプが聴こえる。旧市街のハイ・ストリートにはストリート・ミュージシャンや芸人がひしめいていた。コンサート・ホール、教会だけではなく、レストラン、パブ、大学の中まで、あらゆる種類の音楽がうずまいていた。

当然のことながら、私の主たる興味は教会での礼拝音楽にあった。いくつかの教会を訪れ、オルガン演奏に耳を傾けた。それは洗練され、躍動的であると同時に、暖かく自然な流れを持っていた。礼拝に集まった人々にオルガンの方から近づいてきて、包み込み、語りかけ、楽しませるような親近感があった。会衆はオルガンが鳴り響く瞬間をわくわくして待ち構えていた。聖歌隊のある教会はそれほど多くはなかったが、いくつか聴いた奉唱はなぜか天上の響きというよりは、地上を力強く歩く人間のバイタリティを感じさせた。これらは私の教会音楽観に新たな風を吹き込んでくれた。私はスコットランドの教会音楽に興味を持ち、日本に帰ってからすぐ調査を始めた。教会音楽史に関する文献は充分とはいえないまでも入手できたが、あの骨太な音楽がいかなるバックグラウンドから生まれているのかを把握することは容易ではなかった。

その後、勤務先の桜美林大学から研究休暇をいただき、二〇一一年から一二年まで、私はエディンバラ大学の客員研究員としてこの街に滞在する機会を得た。研究目的はスコットランドの複雑なキリスト教史の中で、波乱万丈の道をたどった教会音楽の歩みをオルガニストの立場からまとめることであったが、それと同時に人々と音楽がどのように関わっているかを体験し、社会生活と音楽の結びつきにも迫ってみたかった。それには現地でできるだけ多くの音楽シーンに身を置き、音楽現象に巻き込まれなければならない。

本書ではその時の体験を軸に、この街のさまざまな音楽活動について綴ってみた。高い知性を誇ると同時に街との繋がりを伝統とし、「生きて働く」エディンバラ大学の音楽、宗教改革後の三百年間を法的規制のもとに厳しく制限されながら生きのびてきた教会の音楽、そして二十世紀を混沌に投げ込んだ二つの世界大戦後、近代的世界の構築を世に問うべく誕生したフェスティバルと街の人々の音楽、これらを通してエディンバラの魅力を描くことができたら幸いである。

二〇二二年十二月

横山 正子

目次

第三章　スコットランドの教会と歌

第四章　パイプオルガンをめぐって

第五章　聖歌隊員のつとめ——オールド・セント・ポール教会にて

第六章　街に満ちる音楽

Edinburgh

第一章

古都エディンバラ——風土と歴史

1．北のアテネ、世界遺産と創造都市ネットワーク

エディンバラは「北のアテネ」と呼ばれる。市街地とそれを取り囲む丘陵の眺めは確かに美しい。しかしこの街、古代ギリシャの首都アテネになぞらえるにはあまりに武骨ではないか？　エディンバラの丘陵から見渡すことのできる海は、エーゲ海ではなく油田で知られる北海である。ウィスキー蒸留所のモルトの香りをかすかに乗せた強い風が吹き込み、道路の塵を巻き上げていく。大通りでは凶暴なカモメが通行人の投げ捨てたサンドイッチを奪い合っている。坂道の多い旧市街は二階建てともいえる道路構造になっており、その石畳を迷いながら歩けば脚は大いに鍛えられる。年間を通して雨が多い。この北方の街がなぜアテネと並び称されるのか？

アテネは、古代世界において民主主義を実現した誇り高い都市国家である。哲学をはじめとする学問の中心地で、紀元前三八七年ごろ、プラトンはここにアカデメイアを創設した。そしてエディンバラも、ルネサンス期に建てられたエディンバラ大学を擁し、特に十八世紀、スコットランド啓蒙といわれる時代には、哲学、科学、技術、芸術、教育などの諸分野で世界に冠たる実績をあげ、歴史に名を残す人々を生み出してきた。なるほど、ここには古代ギリシャに花開いた知の世界と同様、知に生きる人々の精神が結集しているのだ。近年ではユネスコから二つの認定を

受けている。一つは一九九五年の世界遺産登録である。エディンバラを形成する旧市街、新市街の街並み全体が評価された。もう一つは創造都市ネットワーク（Creative Cities Network）の文学都市認定である。このネットワークは文学、映画、音楽、工芸、デザイン、メディア・アート、食文化の七分野において、特色ある業績を上げている都市を選び、都市間の連携を通して戦略的に文化を向上させていく取り組みである。二〇〇四年にスタートし、その最初の認定都市がエディンバラであった。たしかにエディンバラは文学都市の名にふさわしい。この街に生まれ育った者、生涯の重要な日々をここで過ごした者、エディンバラ大学に学んだ者など、ゆかりの文学者を挙げると、シャーロック・ホームズの生みの親であるアーサー・コナン・ドイル、『ジキル博士とハイド氏』『宝島』などで知られるロバート・ルイス・スティーブンソン、ロマン主義作家として広く愛好されたウォルター・スコット、《蛍の光》《麦畑》で日本でも親しまれる詩人ロバート・バーンズ、『ハリー・ポッター』の作者J・K・ローリングなどが浮かぶ。アーヴィン・ウェルシュ、イアン・ランキンのような先鋭的作家たちもいる。

しかし、『エディンバラ賛歌』と題する本書ではあるが、こうしてエディンバラを「北のアテネ」とたたえるだけではこの街の何ものをも語ったことにはならないだろう。エディンバラの地中には、歴史上の凄惨なできごとを証す人骨が今なお大量に埋まっているということだ。ゴースト・ツアーが観光客向けイベントとして有名になるほどである。路面電車の工事中、おびただしい人骨を掘り当ててしまい、工事が中断したエピソードさえある。また、中世には魔女狩りの最も激しい街でもあった。世界のどの街にも歴史上暗黒の時代は必ずあるが、世界遺産となったにもかかわらず、エディンバラの暗い街並みは過去の罪深さを物語る。

次の項では、まずエディンバラを首都として掲げるスコットランドという国について、その歴史をひもときながら語っていこう。

2. スコットランド――ハイランドとロウランド

「イギリス」というひとくくりで英国をとらえる傾向は今も一般的である。その中にスコットランドという国が存在することも多くの人は知っている。しかし、いったいどこから「スコットランド」になるのだろうか？　そもそも、スコットランドは「国」なのだろうか？　かつての私もこれらを把握していなかった。イングランドとスコットランドの違いを肌で感じるためには、やはりこの両国を何度か訪れ、経験を積まなくてはならないのだろう。スコットランドに暮らし、ハイランドの、高い樹木がほとんど見られない山稜を歩き、原野を紫に染めるヒース、グラデーションを見せる雲の色、空気の冷たさを知り、次にロウランドに下り、灰褐色の建物に囲まれ、グラスゴーの雑踏をかき分け、エディンバラのごつごつした石畳を踏みしめて歩いたうえで、南下してイングランドを訪れると、空気の湿った暖かさ、景色のまろやかさ、街並みや家々の壁の色のやわらかさを感じる。緑の木々が生い茂りバラの花咲く庭園がそこここにある。この二つの「国」を行き来するうちに「スコットランド」という「国」が、私の意識の中で次第に明確な特性を帯びてきた。

●古き民族の足跡——ハイランド

スコットランドはグレート・ブリテン島の北部とその周囲に散らばる島々から成っている。現在、「英国」(Great Britain and Northern Ireland United Kingdom) はイングランド、スコットランド、ウェールズ、北アイルランドを一つの国家とする連合王国であるが、かつてこの四つはそれぞれ独立した国であった。スコットランドは一六〇三年にイングランドと同じ王をいただく「同君連合」に取り込まれ、一七〇七年には「合同法」を受け入れたことで自国の議会を失い、グレート・ブリテン王国に統合された。スコットランド議会が復活し、国の内政をつかさどる権利が取り戻されたのは、ようやく一九九九年のことである。これまでの歴史上どの時代をとっても、スコットランドはイングランドと海を渡ったフランスという二つの強大な国の支配力にさらされてきた。

スコットランドの面積は約八万平方キロメートルで、北海道に近い。しかし緯度は北緯五十五度から六十度と、北海道より高く、カムチャツカ半島の付け根あたりに位置する。数字だけ見ると訪れるのに勇気がいるほど北方であるが、北海道のように極端な氷点下になったり大雪が降ったりすることは滅多にない。思いのほか寒暖の差が少なく、人が暮らすのには適した土地である。特に西側はメキシコ湾流が流れており、海が凍結することもない。この国の北西部と、西側の海に散らばる島々をハイランド、東海岸から南部にいたる地域をロウランドと呼ぶ。

ハイランドには荒涼とした岩山が続き、その合間を清らかな水が流れ、ところどころに大小の美しい湖がちりばめられている。紀元八〇年代、ローマ帝国の総督アグリコラが侵略してきた。そのころ、ここにはドルイド教を信仰するピクト人という種族が住んでいた。彼らは岩の間で暮らし、石や水にひそむ神を信じ、この世での死を恐れぬ人々であったという。ローマ人にとって、魔界を思わせる岩と水の国とそこに生息する人々は神秘的であり、おそらくは不気味でもあっただろう。結局ローマ人はハイランド制圧を諦めることとなった。その後、ゲール語を話すダルリアダと呼ばれる人々がピクト人の間に入り込み、しだいに勢力を拡大していった。ピクト人はやがて姿を消していく。残された末裔たちはダルリアダに吸収され、「スコット」と呼ばれるようになる。ここにキリスト教が広まり、ハイランドにカトリック信仰が定着していった。

ハイランドの都インヴァネスには、怪獣ネッシーの棲みかとされるネス湖が北東から南西へ、細長く陸地を切り裂いている。この湖を訪れたとき、それまではおとぎ話としか思っていなかったネッシー（現地ではグリーンモンスターと呼ばれている）の存在が、ありありと実感を伴ってきた。有名な観光地であるのに、ほとんど観光地化されておらず、ネス湖周遊のクルーズ船が出ているくらいである。

ネス湖のほとり、フォート・ウィリアムから近いところには、グレート・ブリテン島最高峰であるベン・ネヴィスがそびえている。一見なだらかな優しさを見せていて、思わず「蒲団着て寝たる姿や東山」の句が浮かんだ。しかし違う方角から見ると、まったく別の山として姿を現す。真っ黒な岩の塊が寄り合ってそそり立ち、怒りを秘めたかのようなその姿はなんとも恐ろしげである。じつはエディンバラ滞在の終わりごろ、この山の登頂に挑戦し、あやうく遭難しかけた。私はかつて登山を趣味としていたことがあり、そのころは南アルプスや八ヶ岳をずいぶん歩きまわったものだ。ベン・ネヴィスは標高一三四五メートルで、これまで登ってきた日本の山よりはるかに低い。なだらかそうな見かけにだまされ、自信を持って臨んだ。たしかに途中までは楽しいハイキングであった。子ども連れの一家や飼い犬まで登っている。珍しい植物や昆虫に出会いながら、ふと足をとめて周囲を見るとそこには絶景が広がっている。丈の高い植物がないため、何ものにも遮られない視界が開け、変幻自在な雲間から漏れる金色の日の光を浴びた渓谷や山々は、息をのむほどの美しさである。羊の群れが一列になって歩いているのも遥か下に見える。やがて山頂近くの湖にたどり着く。その風景は幻想的で、こんなに美しい場所がこの世にあるの

登山口から見るベン・ネヴィス

山腹に横たわる幻想的な湖

ベン・ネヴィス山頂に近づく。これより異界に入る

かと思わされた。そこで引き返せばよかったのだが、さらに山頂を極めようと登り続けた。ところが突然雲の中に入り、ごつごつとした岩ばかりの道なき道となった。つい先ほど見た湖の風景は夢だったのだろうか。まるで別世界である。歩いても歩いても岩また岩、頂上がどこだかわからない。まさにそれは魔界であった。のんきなよそ者は魔界に絡めとられるのだ。足は岩山を踏みしめて棒のようである。あまりの寒さに体は冷え切った。それ以上先に進むことを断念して引き返す決意をしたときは、午後も遅めの時間になっていた。疲れた足で下っていくと、途中出会う人から「急いだほうがいいよ。いきなり暗くなるから」と言われる。その言葉通りあっという間に陽が落ち、真っ暗になってしまった。幸い服や靴、飲み水などに関しては重装備をしていたし、懐中電灯も持っていたので、とにかく自分を落ち着かせて降りていった。登山道が整備されているわけでもないので、踏み外したら谷底へ真っ逆さまである。ふもとのユースホステルに着いたときには、命が助かったことを感じ、あらためて自分が遭難しかけたのだと知った。どうやら私と同様、まだ下山できていない客人がいるらしく、ユースホステルの職員が懐中電灯を手に、山へ迎えに繰り出している。電話を借りてタクシーを呼び、宿に帰り着くと、B&Bの主人が心配して待っていてくれた。このような危険も含め、ハイランドは最もスコットランドらしい地域である。

●グラスゴーとエディンバラ——ロウランド

いっぽうのロウランドを語るには、スコットランドの関門を守るかのように君臨する二つの都市を知らねばならない。東のエディンバラ、西のグラスゴーである。初めてグラスゴーを訪れたとき、私はこの街について、良くないイメージを持っていた。おそらくは中学か高校の社会科の授業で習った記憶によるものだろう、廃れ果てた灰色の街を思い描いていた。たしかに第二次世界大戦後、英国全体の経済状況が悪化したとき、その影響をもろにかぶったのが工業都市グラスゴーだった。主要産業であった造船も立ち行かなくなり、工場の閉鎖が相次いだ。その後の苦境も長引き、一九八〇年代までのグラスゴーは荒廃の極みであったという。街には失業者やホームレスが溢れ、治安や衛生面の悪化も世界的に知られた。しかし一九九〇年代、金融を中心とした立て直しが功を奏し始めた。また、グラスゴー出身の建築家マッキントッシュ（Charles Rennie Mackintosh, 1868–1928）の再評価が行われ、彼の母校であるグラスゴー美術学校を拠点にモダン・アートが注目を集めるようになった。いっぽうポップ・ミュージック分野でも数々のミュージシャンが登場し、グラスゴーはポップ・カルチャーの中心地として完全に息を吹き返した。二〇〇五年、私が訪れたグラスゴーは、大通りで放浪の音楽家がアコーディオンを鳴らして歌い、中央駅近くでは明らかに飲酒、またはドラッグを摂取している若者たちが騒いでいるような街だった。ドブネズミが大通りを走っていくのも見かけた。しかし人々は気さくで活気があり、美術館、劇場、百貨店やブランドショップは賑わっていた。

こんな思い出がある。路線バスに乗ってグラスゴーの主要バスステーションであるブキャナン・バス・ターミナルで降りようとしたときのことだ。運転手さんがしきりに話しかける。グラスゴーの方言はとても英語とは思えないほど聴きとりにくく、なにか失敗をしたのだろうか、と不安になった。ところが、どうやら運転手さんは「バス代はいらないから。気をつけて行くんだよ」と言っているようなのだ。私が子どもに見えたのか、または貧しそうに見えたのかわからないが、お礼を言ってバスを降りた。運転手さんはにこりともしないで、大きく頷いて手を振ってくれた。昔話に出てくる頑固で優しいお爺さんのようだった。大都市の路線バスの運転手さんが、自分の判断でバス代を取らないというのが、グラスゴーらしいことなのかどうなのか、いまだにわからない。

大都市、と書いたが、そう、グラスゴーは今や英国全体で第三位の規模を持つ都市である。一位はロンドン、二位はバーミンガムであるから、あきらかにスコットランドではエディンバラを凌駕している。グラスゴーとエディンバラ、この二つの都市は鉄道で五十分ほどのさほど遠くない位置関係にある。しかし市民性は大きく違う。グラスゴーは、アイルランドやウェールズから渡ってきたケルト民族の末裔を中心として成長した都市といえる。いっぽうエディンバラは、アングロ・サクソンやノルマンなど、イングランドの影響を早くから受けて発展した。宗教的にもグラスゴーは、ハイランド人と同様ローマ・カトリック信仰を守ってきた人が多い。プロテスタント国スコットランドの中でカトリック人口が多い都市の一つである。グラスゴーの誇るサッカーチーム、セルティックFCの成り立ちにもそれが表れている。そもそもセルティック（Celtic）とは「ケルト人の」「ケルト風」といった意味である。このチームは一八八七年、グラスゴーのイーストエンドに住む貧しいアイルランド人救済の慈善資金を集めるため、ウォルフレッドという名のアイルランド人修道士が創設した。結成の場所はこの地区のセント・メアリー教会であった。カトリック国アイルランドに由来するこのチームは、グラスゴーのアイルランド移民にとって心のよりどころとなった。対するエディンバラはスコットランド宗教改革の中心地であり、プロテスタント推進の気風が残っている。

二つの都市は市民性の違いのみならず、言語もかなり異なる。「エディンバーガー（Edinburgher）」と呼ばれるエディンバラの人々はおそらく、「グラスウェジアン（Glaswegian）」と自称するグラスゴー人から見れば、気取っていてエリート意識が強く鼻持ちならない、ということになりそうだ。とはいえグラスゴー人が一様に素朴で温かいわけではない。グラスゴー出身の俳優ジェイムズ・マカヴォイは、彼が主演をつとめる舞台をロンドンで成功させたあと、一座を率いて故郷に錦を飾ったが、そのさい有色人種の出演者に対するグラスゴー人の異様ともいえる差別的発言を数多く耳にし、失望と怒りにかられたという。どの都市にもいろいろな人が住んでいる。ただエディンバラとグラスゴー、この二つの都市にはライバル意識のようなものがあるのは間違いなさそうだ。

グラスゴーから北へ向かって列車に乗ると、しばらくは建物の壁にスプレーで落書きされ、さびついた自転車が放置してあるごみごみした都会の風景が車窓を走る。それを過ぎると、ふいに時の止まったような田園風景が広がる。グラスゴーは列車一本でハイランドへ抜けられる、いわばハイランドへの入り口なのである。いっぽうエディンバラは、逆に列車に乗って南下すると、北イングランドのニューカッスル・アポン・タインに到着する。ロウランドの二大都市はスコットランドの歴史を背負って、その狭間で独自の空気を作り、今日も繁栄している。

3. エディンバラ旧市街の成り立ち

さて、いよいよエディンバラに焦点をあてていこう。

エディンバラの象徴的存在といえば、街を、そしてその彼方に広がる北海を高い崖の上から見下ろしているエディンバラ城である。灰褐色のその威容は重々しく近寄りがたい。築城は七世紀、ノーザンブリア王エドウィンが、この地に築いた砦がもとになっているという。死火山の山頂、

古い死火山、カッスル・ロックの上にそそり立つエディンバラ城

氷河に削られた険しい斜面に立つ。しかし、この時点ではまだ古代スコットランドという国を築く下地はできていなかった。

九世紀、この地に勢力を広げたダルリアダ人の中からひとりの英雄が現れる。ケニス・マカルピン（Cináed macAilpin, 810–858）である。彼はピクトとスコットの双方に君臨し、ゲール語文化の国を形づくっていった。しかしケニスの死後、国は乱れた。王位継承をめぐって長い暴力と殺戮の時代が続く。一〇四〇年、シェイクスピアの戯曲で有名なあのマクベスが、前王ダンカンを殺害して王位についた。このとき、ダンカンの息子マルカムを取り逃がしたのがマクベスの失敗だった。マルカムはスコットランドから脱出し、亡命先のイングランドとノルマンディーで教育を受けた。成長した彼はスコットランドに戻ると、父の仇マクベスを倒して一〇五八年、その王位を奪還した。マルカム三世、通称マルカム・カンモア（Malcolm Canmore, 1031–1093）である。彼はエディンバラ城を居城とする最初の王となった。

カンモアは「大きな頭」を意味するゲール語である。マルカムの風貌は知る由もないが、粗暴な大酒飲みであったようだ。だがその治世は彼の戦死まで三十五年間続いた。彼は亡命中にイングランド文化の影響を受けており、アングロ・サクソン王家の姫、マーガレット（Margaret of Scotland, 1045頃–1093）を妃に迎える。マーガレットはローマ・カトリック教徒であり、アングロ・サクソンの言葉を話した。宮廷の人々は彼女に魅了され、その影響力のもとに感化されて

聖マーガレット礼拝堂のステンドグラスに描かれたマーガレット王妃

いった。マーガレットの推奨するアングロ・サクソン風の宮廷行事や、信仰するキリスト教が時を経ずして根付いていく。彼女の話す言葉はやがてロウランドのスコット人に広まり、しだいにゲール語に代わって王国の公用語となっていった。スコットランドをイングランド、また西ヨーロッパ風に変革しようというマーガレットの熱意は大きなものであった。彼女はスコットランドにキリスト教を広めた王妃として後に列聖された。また十二世紀には、彼女を記念する聖マーガレット礼拝堂がエディンバラ城の敷地内に造られた。この小さな礼拝堂は現存する城内最古の建造物であり、今も多くの観光客が訪れる。

聖マーガレット礼拝堂を建立したのは息子のデイヴィッド一世（David Ⅰ, 1084頃–1153）であった。彼にとってキリスト教信仰に篤い母は誇りであったと思われる。デイヴィッドは彼女を記念して、もう一つの重要な建築物をエディンバラに造った。ホリルード修道院である。ホリルード（Holyrood）とはスコッツ語で holy cross つまり〝聖なる十字架〟を意味する。エディンバラ城を出てなだらかな坂道を東へ降りていくと、突き当りに今は廃墟となった修道院がたたずんでいる。エディンバラ城と修道院を結ぶこの坂道は約一マイルあり、「ロイヤル・マイル」と呼ばれ、エディンバラの中心街となった。現在でも観光客がショッピングや名物料理を楽しむハイ・ストリートである。

ホリルードに関する後世のエピソードを記しておこう。十九世紀ドイツの音楽家メンデルス

ホリルードハウス宮殿に併設されている美術館、クイーンズ・ギャラリーの入り口

ゾーンは、若き日にスコットランドを旅した。ホリルード修道院に立ち寄ったとき、この廃墟に心打たれ、《交響曲第三番　スコットランド》を着想したエピソードはあまりにも有名である。彼はまた、父親宛の手紙に十六世紀のスコットランド女王、メアリー・ステュアートの運命について綴っている。メアリーは嫁ぎ先のフランスで、夫であった王を亡くし、スコットランドに帰ってきた。彼女を待っていたのは政治的な、宗教的な、また家庭内での悲劇ばかりであった。修道院に隣接してホリルードハウス宮殿が立っているが、フランス育ちの彼女は、厳めしいエディンバラ城より瀟洒なこの城を愛した。ほどなくメアリーはダーンリ卿という美貌の貴族と再婚に至った。しかしダーンリ卿は陰湿な男だった。メアリーはイタリアのピエモンテ出身の音楽家、デイヴィッド・リッツィォを寵愛するようになる。その行動は周囲から疑惑の目で見られた。ある日、ホリルードハウス宮殿の小部屋で侍女たちやリッツィォと食事していたところへ数人の貴族が踏み込み、リッツィォは女王のスカートの陰に隠れたが引きずり出され、メアリーの目の前で殺害されてしまった。青年メンデルスゾーンのロマンティックな心はこのエピソードに痛んだ。彼はこの事件があったメアリーの小部屋にしばしたたずみ、物思いにふけったのである。

さて、エディンバラ城とホリルードを結ぶロイヤル・マイルは、険しい谷の稜線に造られている。中世になるとその谷あいにびっしりと住居が立ち並んだ。住民にとって土地の賃貸料が高かったため、狭い土地に五階から七階建ての家が林立することになり、やがては十四階建てなどという例も現れた。垂直都市エディンバラの景観が誕生する。崖のような斜面に立ち並ぶ家と家の隙間を縫うように、数多くの路地がある。これらはクローズと呼ばれ、大通りから直角を描いて魚の骨のように走っている。このクローズは住居を持つことのできない人々が暮らす場所であった。また、カウゲイトという、その名の通りかつては牛が通行した道がある。今でこそ閑静な界隈であるが、当時は牛の汚物が散乱しており、そこに居住する人々もいた。その上に覆いかぶさるように、さらに道が作られ、そこにまた一般市民の住居が建てられた。こうしてエディンバラは、世にも珍しい二階建ての構造を持つ都市となった。

4. スコットランド啓蒙とエディンバラ新市街の建設

スコットランド史の中で際立って目覚ましい時代といえば、本章の冒頭で触れたように、十八世紀後半、スコットランド啓蒙とよばれる約三十五年間だろう。これはまさにロウランドのエネルギーが開花した時であった。哲学者デイヴィッド・ヒューム（David Hume, 1711–1776）や道徳哲学者でのちに経済学者として名前を上げるアダム・スミス（Adam Smith, 1723–1790）らが頭角を現し、彼らと関わりの深いエディンバラは啓蒙の中心地となった。スコットランド随一の研究・教育力を誇るエディンバラ大学はその本領を発揮し、多くの分野に優秀な人材を次々と輩出するようになる。エディンバラ大学は積極的にカリキュラム改革を行い、身分や財力に関係なく学問に情熱を燃やす人々を受け入れる方法を考案し、実施した。これについては次章にあらためて記したい。いずれにしても富と貧困が同居するこの煩雑な街にあって、大学は市井との交流を通して学問を進め、幅を広げていった。大学をとりまく街角には多くの酒場や集会所があり、それぞれが溜まり場となった。学生たちは集まってはおしゃべりし、口角泡を飛ばして議論した。貧者がそのテーブルに近づいて施しを求める。学生たちの中には、その貧者と話し込む者もいる。貧困の中にうごめく人々のありさまが隠しようもなく学生たちの目に入り、その思想や学問的理想に影響を与え、彼らの人間形成をいやおうなく左右する。このような坩堝の中からさまざまなクラブや学術協会が生まれてくる。エディンバラの啓蒙都市としてのありかたは、都市の負の部分と背中合わせであった。集結した知の力は実践をともなって大きく羽ばたいていく。そしてこの黄金の時代に、エディンバラ新市街建設が計画される。

もともと丘陵と海に囲まれたエディンバラの市街地は大きくはない。ましてや旧市街は起伏の多い土地にあり、そこに大学、多くの教会、劇場、図書館、集会所などが建てられ、過密状態に陥っていた。さらに生活に困窮した人々が住む地域ではスラム化も進んでいた。十八世紀後半、市の北側に近代的な新市街を作ろうという都市計画が立ち上げられた。知識人が額を集め、図面が引かれる。建築物もすべて綿密な計画によって設計されることとなった。ノー・ロッホ（北の

プリンシズ・ストリートから眺めた旧市街。中世の高層住宅が立ち並び、立体都市エディンバラの特殊な街並みを示している

湖）と呼ばれる汚濁した大きな水たまりが干拓され、海へ続く平地に道路が碁盤の目のように張り巡らされた。新市街建設は一七六七年に始まり、さらに一七七二年には旧市街と新市街を結ぶノース・ブリッジが建設された。十九世紀に入り、人々の期待を集めた新市街はついに完成した。旧市街にひしめきあっていた人々のうち、富裕層が競って新市街に移住した。

既に記したように、エディンバラの旧市街と新市街は世界遺産に登録されている。中世以来の住居や街並みが保存されている旧市街と、十八～十九世紀当時の最先端の建築や街づくりが残されている新市街は、いずれも歴史的・文化的に意義があり、この両方が一つの街に共存していることが高く評価された。現在、旧市街にはエディンバラ城、大学、教会、国立博物館、国立図書館、音楽ホール、演劇ホールなど、多くの重要な建築物が存在し、またエディンバラ城とホリルードをつなぐロイヤル・マイルにはタータン・ショップ、ウィスキー専門店、スコットランドらしい工芸品の店、スコットランド料理を味わえるレストランなどが立ち並び、観光客を集めている。いっぽう新市街には、建設開始当時の英国王、ジョージ三世の名を冠したジョージ・ストリートが華麗に走り、高級ブランドの店が軒を連ねている。この通りを挟んで南には、ジョージ三世の王子たちにちなんだプリンシズ・ストリート、北には王妃に敬意を払ってクイーン・ストリートがある。ジョージ・ストリートはその名が示すように、新市街のメイン通りとして造られたのだが、現代では旧市街を眺めることのできるプリンシズ・ストリートのほうが新市街の中心

エディンバラ城から見る新市街と北海

となっている。高級感漂うジョージ・ストリートと比べ、プリンシズ・ストリートには庶民の買い物に適した大型スーパー、一般的な書籍を置く大型書店、移民の経営するお土産物屋、若者向けのファッションビルなどが並んでいる。通り沿いに広々としたプリンシズ・ストリート・ガーデンが緑を添え、春から夏には花々が街を彩る。プリンシズ・ストリートに立つと、旧市街の家屋群、セント・ジャイルズ大聖堂の塔、エディンバラ大学のニュー・カレッジ、そしてエディンバラ城を一望することができる。まさにプリンシズ・ストリートはエディンバラの旧市街と新市街の分水嶺である。さらに、この分水嶺の谷底に位置するエディンバラ・ウェイバリー駅がスコットランド各地、そしてイングランドへつながる蜘蛛の巣の中心的役割を果たしており、プリンシズ・ストリート界隈は常に賑わっている。

Edinburgh

第二章 エディンバラ大学と音楽

1. 街と結びついた大学

エディンバラ大学（University of Edinburgh）で一年間研究生活を送ることが決まったのは二〇一〇年夏ごろであった。二〇一一年九月出発の予定だったので、それまでの約一年間を、当時超難関といわれた英国滞在ビザの取得、現地での住居手配、研究内容の精査と研究計画作成など、貴重な渡英を有意義なものにするための準備に費やした。研究目的はスコットランド教会音楽史であり、演奏を学ぶわけではないので、芸術学科ではなく神学科に籍を置かせていただくのがよいだろうと考えていた私は、スコットランドと関わりの深い、高名な日本人神学者の方に紹介をお願いし、神学科と連絡をとった。ありがたいことに、神学科の担当者はすぐに返事をくださり、やりとりは円滑に進んだ。

気にかかっていたのは住居だった。最悪の場合、しばらくはホテル住まいをしながら不動産屋に通う覚悟もしていた（そういう例が多いと聞いた）。しかし神学科の受け入れ窓口をつとめているエディンバラ大学の教授が、スコットランド国教会の所有するフラット（集合住宅）のうち、立地や金額面で私の条件に合うものを探すと言ってくれた。最初に候補として挙がったのは、モーニングサイド（Morningside）という旧市街の閑静な住宅地だった。いかにも英国らしい上品な雰囲気の区画で、ここに住めたら最高だと私は喜んだ。ところがその家は、ほんの数日の差で他の人が借りてしまった。次に紹介されたのはエディンバラ新市街の東、リース（Leith）という港町で、各国からの移民が多く住み、麻薬の売人が跋扈する界隈であった。なにしろ単身の滞在であるし、この地域だけは避けたいと内心思っていたので、連絡が来たときは心穏やかではなかった。しかし、エディンバラの裏も表も体験するにはうってつけの場所でもある。フラット自体は大通りから少し入ったところにあり、写真を見ると美しい部屋であった。大通りはリース・ウォークといって、頻繁にバスが通っているし、各種スーパーや移民用の食材店が立ち並び、生活必需品の入手には苦労せず暮らせそうだ。バスに乗ればすぐに大学まで行ける。「危険じゃないわよ」と、受け入れ窓口の教授は言う。「酔っ払いが話しかけてきても、無視すればいいのよ」と。なるほど、それくらい腹がすわっていなければ、ヨーロッパでは暮らせない。最終的に私はこの提案を受け入れた。

二〇一一年九月、リースの住居に落ち着いた。すぐに電話でガス、電気の手続きをする。スコットランド訛りの英語は聴きとりにくく、また人によってアクセントが異なるように思える。受話器を握りしめてなんとか手続きを済ませる。市役所で登録手続き、住民税支払いなどを（どれもスコットランド訛りの英語で）乗り越えて、生活がスタートしたときは心底ほっとした。さて、いよいよ大学へ足を踏み入れる。

エディンバラ大学は二〇二〇年の記録によると、四万五千人を超える学生を擁しており、教職員の数は一万五千人以上にのぼる。また留学生は全学生の半数近くを占め、ヨーロッパ、アジアをはじめとする全世界から、この大学で学ぶことを望む人々が集まっている。そもそもスコットランドは弱小国として歴史を刻んできたが、知においては世界に先んじていた。十二世紀、イタリアのボローニャ大学が建てられて大学設立の先鞭をつけて以来、ドイツのハイデルベルク、フランスのパリ、そしてイングランドのオックスフォードなどが続いた。十三世紀にはケンブリッジ大学が成立し、イングランドではこの二つの大学が中世に建てられた「古代大学」（Ancient University）として伝統を誇っている。しかしスコットランドでは、セント・アンドルーズ（一四一二年）、グラスゴー（一四五一年）、アバディーンのキングズ・カレッジ（一四九五年）が十五世紀に建学、十六世紀にはエディンバラ（一五八三年）、アバディーンのマーシャル・カレッジ（一五九三年）が加わった。その結果、英国の古代大学六校（オックスフォード、ケンブリッジ、セント・アンドルーズ、グラスゴー、アバディーン、エディンバラの各大学）のうち四校をスコットランドが占めることとなった。

スコットランドの大学はその後躍進した。古代大学として中世教育の伝統を纏ういっぽう、旧態依然とした教育のありかたに甘んじることなく、十七世紀末から活発に大学改革を行ったことも注目された。当時、大学教育の根幹となるのはラテン語での授業であったが、それを見直し、ほとんどの科目で英語が用いられるようになった。カリキュラムも改正され、一方的な講義ではなく双方向型を取り入れ、学生の思考能力を育てる方法をとるようになった。十八世紀には留学生流入もあって学生数は増加し、しだいにスコットランド独特の大学文化が築かれていく。このような中で、講義の名人といえる優秀な教授も現れた。アダム・スミスもその一人で、グラスゴー大学で教鞭を執った。人気の高い教授のクラスには留学生を含め毎年何百人もの学生が詰めかけ、大学は活気を増した。

スコットランドの大学、特にエディンバラ、グラスゴー、アバディーンは都市の中で市民生活と共存している。「市民生活」と「大学」（Town and Gown）が分離しがちな英国の古代大学にあって、これは興味深い特徴といえる。エディンバラ大学は十八世紀半ばまで特定のキャンパスを持たず、街の中に研究所と授業施設が点在していた。やがて、スコットランド啓蒙の時期に現在オールド・カレッジと呼ばれるキャンパスが建設された。設計したのはエディンバラ新市街の誕生にも貢献したロバート・アダム（Robert Adam, 1728–1792）である。現在、ここは法学科のキャンパスとなっている。さらに学生数の増加にともない、新たなキャンパスが必要となった。神学科の拠点となるニュー・カレッジや医学部棟が次々と姿を現した。市街地を取り巻く丘陵の一つ、ブラックフォードの頂上には、王立天文台を擁する天文研究所もある。

現在のエディンバラ大学は、研究力・教育力において世界的に高い評価を受けている。学内で

エディンバラ大学天文研究所の王立天文台

は毎日、教員による研究発表が数多く行われており、すべてが公開されている。研究発表を中心に、学内外の研究者が大学で交流し、議論し、互いにさらなる研究の糧としている。カレッジは人文・社会科学部、医学・獣医学部、理工学部の三つであり、それぞれが多くのスクールを持っている。

学生のためのカウンセリング・ルームは宗教、宗派ごとに整備されている。スコットランド国教会、イングランド国教会、そのほかのプロテスタント、ローマ・カトリック、イスラム教、ユダヤ教、仏教などである。教員や、私のような海外からの研究員の出身国、宗教も多彩である。エディンバラ大学の教員宅に研究員を招いてのディナーに何度か出席したが、イスラム圏のメンバーがいるときには、主催する側はハラルの食材を用いた料理を準備する。イスラム教の祈りの時間になると、トルコからの研究員などは席を外して祈るが、そのための部屋もきちんと用意されていた。市民生活とのつながりが深いことは今も変わらない。年間を通してさまざまなチャリティ活動がおこなわれ、さらにキャンパスは夏の国際フェスティバルのチケット管理や会場として提供され、学生たちが自主的にボランティアでスタッフ業務をこなしている。

2．神学科と芸術学科

三つのカレッジのうち最大のものは人文・社会科学部（College of Arts, Humanities & Social Sciences）で、十二の学科（school）を有している。芸術、ビジネス、経済学、健康社会科学、歴史・考古学、法学、文学・語学・文化学、教育・スポーツ学、神学、哲学・心理学・言語学、社会学・政治学、そして公開学習センターである。

●ニュー・カレッジ

エディンバラ旧市街の最も新市街に近い場所に、ザ・マウンド（The Mound）という小高い丘がある。もともとは新市街建設の際、掘り返された残土の置き場だったが、一八三〇年代には丘として整えられた。登ると、プリンシズ・ストリート・ガーデン越しに新市街が見渡せる。ここに二つの塔を持った目立つ建物がある。これがエディンバラ大学神学科（School of Divinity）のニュー・カレッジである。キャンパスの入り口には宗教改革者ジョン・ノックスの銅像が立っており、聖書を左手に抱え右手を高く上げて福音と真理を説いている。その厳しいまなざしは、羽目を外しがちな学生たちをたしなめるようにも見える。

エディンバラ大学神学科の本拠地、ニュー・カレッジ

ニュー・カレッジの入り口に立つ宗教改革者ジョン・ノックスの像

ニュー・カレッジ設立の事情については第四章でも触れるが、十九世紀に起こったスコットランド国教会分裂が大きく関係している。母体となったのは、スコットランド国教会から離脱した教派「スコットランド自由教会」が、一八四三年、聖職者養成のために建てた学校であった。「フリー・チャーチ・カレッジ」と名付けられたこの学校は、当初新市街で開学し、のちにこのザ・マウンドに移された。

スコットランド国教会の分裂は一九二九年に解決を見、それに伴ってこの学校は一九三五年、エディンバラ大学の神学科として新たな出発をした。学内のアッセンブリー・ホールは、スコットランド国教会定期総会の会場ともなっており、ニュー・カレッジはいまや国教会の中心である。同時に神学科にはキリスト教だけでなく、イスラム教やユダヤ教など、世界のさまざまな宗教を研究する学徒がいる。私も日本ではなかなか交流の機会を持てないこれらの信徒たちと親しくなり、彼らの研究発表を聴くことができた。

ニュー・カレッジを私が利用するのは、主に図書館にこもるためであった。セキュリティ機能付きの職員証が配布され、校舎に入るときは入り口でスワイプする必要があるが、学生たちは自分が入った後、ドアを押さえて次の人を入れてくれるので、職員証はほとんど意味をなさない。校舎の内部は外から見るより広いが、すべてが古色蒼然としている。レイニー・ホール（Rainy Hall）という食堂があるが、そのドアも満身の力をこめなくては開いてくれないありさまである。

キリスト教神学に基づく大学であるのに、礼拝堂がないのもエディンバラ大学の特徴である。あるとき、神学科の教授がどこからか小型のパイプオルガンを入手してきた。かなり使い古されたものだが、まだ立派に演奏できる。彼はこれを大教室に置いた。するとチャプレンが、週に一度ここで教職員の礼拝をしよう、と言い出した。私はその礼拝でオルガンを弾くことになった。火曜日の昼休みに教職員有志が集まり、賛美歌を歌い、聖餐式を行う。教職員たちは「私たちのオルガン」と喜び、その音色を楽しんでくれた。クリスマスには学生にも呼びかけて聖歌隊を作り、音楽礼拝をした。教室はいっぱいになり、ニュー・カレッジの古風な建物が歌声とオルガンに満たされた。

●アリソン・ハウス

私が関わったもう一つの学科は芸術学科（School of Arts）の中にある音楽専攻である。芸術学科には建築・都市計画専攻、美術専攻、デザイン専攻、美術史専攻、そして音楽専攻がある。音楽専攻ではいわゆるクラシック音楽全般のほか、電子音楽、コミュニティ・ミュージック、音楽工学などさまざまな分野を学ぶことができ、大学院では作曲、音楽学などの修士号、博士号取得が可能である。近年は特に映画音楽やコンピューター音楽の精鋭を多く輩出している印象がある。

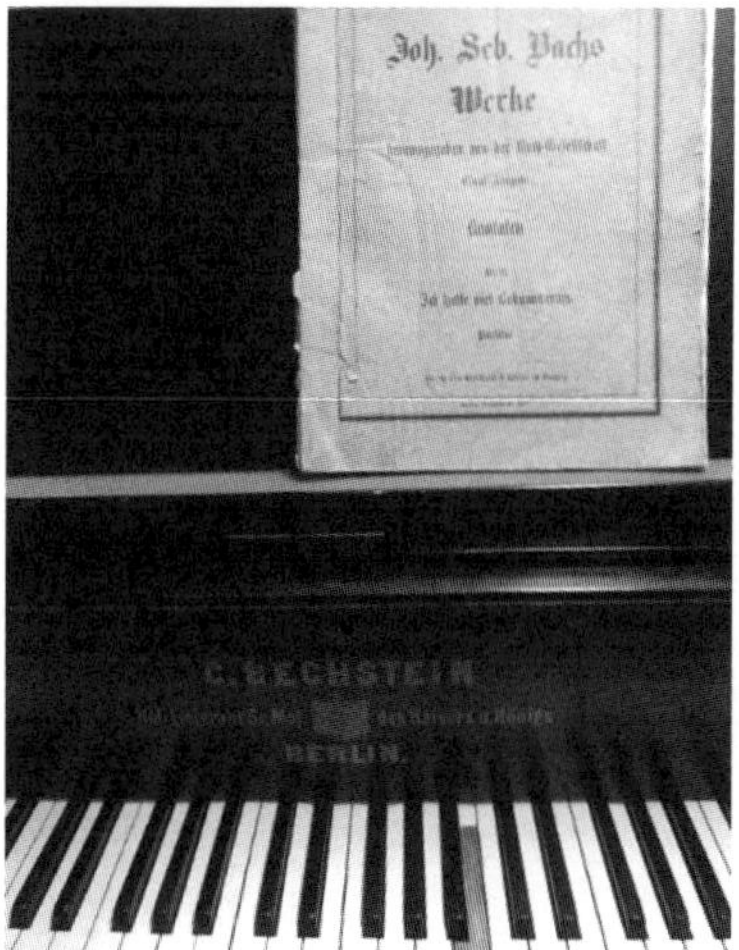

アリソン・ハウスの練習室のピアノ。私が愛用していたC. ベヒシュタイン

音楽専攻は一八三九年設立のリード音楽学校（Reid School of Music）を母体としている。この学校は実技の個人レッスンを授業として行っていなかったため、学生は教師を自分で探さなければならず、それをエディンバラ大学が援助する形をとっていた。一八六一年、リード音楽学校はエディンバラ大学芸術学科の音楽専攻として、高等専門教育の道を歩み出す。音楽を学ぶためのスコットランド最初の高等教育機関である。本拠地はアリソン・ハウス（Alison House）という校舎で、旧市街の文教地区にある。ここには音楽教員の研究室、レッスン室、学生のための練習室がある。練習室のピアノの多くは古いものだが、いずれも特徴ある面白い楽器であった。例えば前頁写真のC・ベヒシュタインは、第二次世界大戦前にベルリンで製作された「幻のピアノ」といわれるもので、音色に味わいがあり、私は愛用していた。入口に「バグパイプの練習禁止」という札が下がっているのには笑った。バグパイプの大音量は何マイルも響き渡る。アリソン・ハウスの練習室は、完璧な防音を施されているとは言えない状況なので、そこでバグパイプを吹かれたらたまらないし、吹こうとも思わない。誰かジョーク好きの学生がこれを掲げたのだろう。

●マキュワン・ホールとリード・コンサート・ホール

このアリソン・ハウスの近くに、大学の所有する二つのホールがある。一つはマキュワン・ホール（McEwan Hall）、もう一つはリード・コンサート・ホール（Reid Concert Hall）である。

両ホールには対照的な様式のオルガンがあって、大いに興味をそそられた。

マキュワン・ホールは一八九七年に、政治家でありウィスキー醸造家でもあったウィリアム・マキュワン（William McEwan, 1827–1913）の出資により作られた。Dの字型をしたドームで、内装は古代ギリシャの神殿に似た荘厳さを持っている。そこにヴィクトリア朝の華やかな装飾が施され、典雅な雰囲気を醸し出している。

入口には聖書の言葉が飾られている。

Wisdom is the principal thing, therefore get wisdom, and with all thy getting, get understanding. Exalt her and she shall bring thee to honour.（Proverbs 4：7–8）.

知恵の初めとして
知恵を獲得せよ。
これまでに得たものすべてに代えても
分別を獲得せよ。
知恵をふところに抱け
彼女はあなたを高めてくれる。

桜とマキュワン・ホール

分別を抱きしめよ
彼女はあなたに名誉を与えてくれる。
（箴言　四章七〜八節）
（日本聖書協会・新共同訳聖書より。以後聖書からの引用は全て同訳による）

設計を担当したのはスコットランドの建築家、ロバート・ローワンド・アンダーソン（Sir Robert Rowand Anderson, 1834–1921）であったが、彼はパイプオルガン設置を念頭に置いておらず、オルガンのためのスペースを用意しなかった。ここにオルガンが欲しい、という意見が上がったとき、不十分な空間に十九世紀風の大オルガンを建造できるのは、イングランドのオルガン製作者ロバート・ホープ＝ジョーンズ（Robert Hope-Jones, 1859–1914）をおいてほかになかった。彼は劇場に取り付けるシアター・オルガンの発明者ともいわれ、大オルガン製作を得意としていた。こうして四段の手鍵盤、四十六ストップのオルガンが完成し、マキュワン・ホールは一九一四年にアッシャー・ホールが落成するまで、エディンバラの主要コンサート・ホールとして、大学のみならず市全体の人気を集めた。このパイプオルガンはその後何度も改修工事を施され、十九世紀様式の楽器として慎重に保存された。現在は六十二個のストップを持つ大オルガンとなっている。

リード・コンサート・ホールはマキュワン・ホールに隣接した小規模の音楽会場である。大学の音楽専攻成立より早く、一八五九年にリード音楽学校の教室として造られた。すぐそばには、さらに古い一八五〇年完成の楽器博物館がある。ここには世界中から集められた一千個を超える楽器が陳列されており、現存する世界最古の楽器博物館である。

リード音楽学校が大学の組織体となった一八六一年、ロンドンのウィリアム・ヒル&ソン社（William Hill & Son）がこのコンサート・ホールに四段手鍵盤、三十六ストップのオルガンを設置した。ホールの広さに対し、これはかなり大規模な楽器である。以来半世紀以上にわたり、このホールでは歴史的なオルガンコンサートが数多く行われた。アルベルト・シュヴァイツァーのリサイタルもその一つである。しかし、このオルガンは次第に劣化していった。また、時代が移るにつれて人々の音楽に対する考えも変わっていった。十九世紀には大オーケストラ、大合唱、そして大オルガンなど、音楽に関して巨大なものが求められたが、二十世紀になると音楽学の進歩も相まって、異なる価値観が広まった。リード・コンサート・ホールのオルガンも、場所に不似合いな「ヴィクトリア朝の化け物」として、一九四七年に廃棄されてしまった。

その後小型のオルガンが導入されたこともあったが、最終的に一九七八年、ドイツのユルゲン・アーレント（Jürgen Ahrend, 1930– ）のオルガンが取り付けられた。日本でも、かつてカザルス・ホールで注目を集めたバロック・オルガンである。二〇二一年現在、英国でこのオルガンが入っているのはリード・コンサート・ホールだけである。二段手鍵盤、二十一個のストップという、どちらかといえば小型であるが、このホールにはちょうど良いサイズである。オルガンのデザインや音色の選択には高名なオルガン研究者ピーター・ウィリアムズ（Peter Williams, 1937–2016）と、日本にもファンの多い鍵盤楽器奏者グスタフ・レオンハルト（Gustav Leonhardt, 1928–2012）が係わった。現在、大学の音楽分野に学ぶ学生や教員による演奏会が常時行われている。

●セント・セシリア・ホールと楽器博物館

既に少し触れたが、旧市街のカウゲイト（Cowgate）は本来牛などが通る道であり、低い土地にあって不潔だった。極度に貧しい人々の住むこの場所は、エディンバラの暗黒部の一つであった。一七六二年、ここにスコットランドで最初のコンサート・ホールが造られた。一七二八年設立のエディンバラ音楽協会（Edinburgh Music Society）が、市の音楽活動興隆を目指し、建築家ロバート・ミルン（Robert Mylne, 1733–1811）に設計を委託したのだ。音楽の守護聖人にちなみ、セント・セシリア・ホール（Saint Cecilia's Hall）と名付けられた。英国全体では二番目に完成したコンサート・ホールである。カウゲイトは芸術活動を行うにはなんとも似つかわしくない地域だったが、それでも固有のホールを得たことで音楽協会は活気づいた。宗教改革以来廃

セント・セシリア・ホールのコレクションから

バイブルレガール
（聖書型の小型オルガン）

ユーフォニコン
（鍵盤楽器とハープの合体）

ハープシコード（アンドレアス・ルッカーズ製作。一六〇八年）

れていた楽譜出版も復興し、ホールでのコンサートも行われた。

しかし、エディンバラ新市街の建設が一七六七年に開始され、人々の目は最新式の美しい街づくりに向くようになる。カウゲイト付近では一七八五年ごろ大きな工事が始まったが、それは旧市街の状況を改善するものではなかった。セント・セシリア・ホール近辺の暗さ、環境の劣悪さは音楽会の聴衆を遠ざけていった。結局、音楽協会は一七九八年のコンサートを最後に解散し、ホールはバプテスト教会に売却された。一八二一年、セント・セシリア・ホールはエディンバラ芸術学校（Edinburgh School of Arts, 現ヘリオット＝ワット大学 Heriot-Watt University）の講堂となった。やがて芸術学校は移転し、その後はフリーメイソンのロッジ、倉庫、学校、パーティー会場など、つぎつぎと持ち主や利用目的を変えていった。そして一九五九年、これを買い取ったのがエディンバラ大学であった。

現在エディンバラ大学はここを音楽会場として使用するほか、歴史的楽器コレクションを所蔵する博物館として一般公開している。セント・セシリア・ホールを特徴づけているのは、ロジャー・ミリー・コレクション（Rodger Mirrey Collection）とレイモンド・ラッセル・コレクション（Raymond Russell Collection）という貴重な歴史的鍵盤楽器の展示である。ハープシコード、ヴァージナル、スピネット、クラヴィコード、ピアノフォルテ、チェンバー・オルガン、スクエア・ピアノフォルテなどが演奏可能な形で保存されている。ロジャー・ミリー・コレクションは、二〇〇五年にロジャーとリンのミリー夫妻より寄贈された。レイモンド・ラッセル・コレクションは、楽器の所有者であったレイモンド・ラッセル氏が一九六四年に若くして亡くなったことにともない、その母堂が息子を記念して大学に寄贈した。二つのコレクションは大学が管理、メンテナンスを行い、現在でも大変良い状態を保っている。これら鍵盤楽器に加え、撥弦楽器、管楽器など、館内には総計四百以上の歴史的楽器があり、エディンバラ大学の音楽学研究に寄与している。一年間の滞在中、私は何度となくここへ足を運んだ。

セント・セシリア・ホールは二〇一六年に大規模改修のため休館し、二〇一七年にあらためて一般公開された。コンサート・ホールの中には知られざるチェンバー・オルガンがある。ある貴族が一七五〇年ごろに家庭用に購入した楽器を、一九六七年、ここに移設したのだ。ところがなんと、移設するときに誤って破損してしまった。せっかく設置したものの、使い物にならないまま年月を経たのである。二〇一六年の修復工事の際はこのオルガンも復元され、現在は演奏可能になったそうだ。

●ジェイムズ・マクミラン――現代スコットランドを代表する作曲家

エディンバラ大学は多くの優れた音楽家を世に送り出しているが、その代表的な一人として、ジェイムズ・マクミラン（James MacMillan, 1959– ）のことを記しておこう。

二〇二二年九月八日、英国を七十年間にわたって統治した女王エリザベス二世が逝去した。スコットランド、アバディーンシャーのバルモラル城で亡くなった女王の棺は、粛々とスコットランドの街道を旅し、エディンバラに立ち寄ってホリルードハウス宮殿に入り、さらにセント・ジャイルズ大聖堂に運ばれた。多くのスコットランド国民が女王との別れを惜しんだことは、全世界に報道された。さらに女王の棺はロンドンへ向かい、ウェストミンスター寺院での国葬に至った。イングランド国教会による礼拝としての国葬は衛星放送を通してテレビ中継され、さらにインターネット上の動画もあまたの再生を重ね、感動を呼んだ。国葬を厳粛で美しく、心のこもったものにする要素の一つとして、教会音楽の存在があることはいうまでもない。

国葬で使用される音楽のリストはあらかじめ公開された。葬儀に先立ってウェストミンスター寺院のアシスタント・オルガニストがギボンズ、ヴォーン・ウィリアムズ、スタンフォード、エルガーなどイングランド音楽史を飾る音楽家の作品のオルガン編曲を弾いていく。さらにサブ・オルガニストがエルガー作品を二曲演奏し、それに続いて英国キリスト教各宗派の代表者が入堂、葬儀が始まる。聖歌隊はヴォーン・ウィリアムズやヒューバート・パリーのアンセムを歌っていく。ウェストミンスター寺院聖歌隊と王室礼拝堂聖歌隊の合同による見事なハーモニーである。指揮をするのはウェストミンスター寺院の正オルガニスト、聖歌隊指揮者のジェイムズ・オドネルである。そして礼拝の終わり近く、最も重要な場面、英国国歌の前に歌われたのは、ジェイムズ・マクミランの《Who Shall Separate Us?》だった。

Who shall separate us from the love of Christ?
Neither death, nor life, nor angels, nor principalities,
nor powers, nor things present, nor things to come,
nor height, nor depth, nor any other creature,
shall be able to separate us from the love of God,
which is in Christ Jesus our Lord.
Alleluia! Amen.

この歌詞は新約聖書ローマの信徒への手紙第八章三十五節の一部と三十八、三十九節に基づいている。

だれが、キリストの愛からわたしたちを引き離すことができましょう。
……死も、命も、天使も、支配するものも、現在のものも、未来のものも、力あるものも、高いところにいるものも、低いところにいるものも、他のどんな被造物も、わたしたちの主イエス・キリストによって示された神の愛から、わたしたちを引き離すことはできないのです。

アンセムの末尾はアレルヤ唱となっているが、グレゴリオ聖歌以来の伝統に倣い、そこには別の歌詞も付けられている。それは、Blessing and honour and glory and might be yours forever.（祝福と誉れと栄えと力とが限りなくあなたのものであるように）という頌栄である。アカペラ八声部によるこの合唱曲は、二〇一一年から一二年頃に委嘱を受けて作られたというが、この国葬が初演となった。歌詞として採用された聖書の言葉は、エリザベス女王の愛誦する聖句だったということだ。

ジェイムズ・マクミランはエディンバラ大学でケネス・レイトン（Kenneth Leighton, 1929–1988）のもと作曲を学び、その後ダラム大学で博士号を取得した。彼の出世作は《イザベル・ゴーディの告白》（The confession of Isobel Gowdie）だった。十七世紀スコットランドにおける魔女狩りで殺された多くの女性たちの悲劇を描くオーケストラ作品で、一九九〇年、ロンドン夏の音楽祭ＢＢＣプロムスにてＢＢＣスコットランド交響楽団により上演され、成功をおさめた。以後、彼は現在までにオペラや五曲の交響曲を含む多分野の音楽で広く支持されている。一九九七年にはチェロ奏者ムスティラフ・ロストロポーヴィチに請われ、彼のためにチェロ・コンチェルトを書いた。また《交響曲第三番 Silence》はＢＢＣとＮＨＫ交響楽団の共同企画で、遠藤周作の小説『沈黙』からインスピレーションを得て作られたものである。宗教曲の分野でも、自身のカトリック信仰に支えられ、ミサ曲やアンセム、受難曲、スタバト・マテル、クリスマス・オラトリオなどを作っている。現在スコットランドとイングランドのさまざまな音楽団体で指導的役割を果たしている彼は、エディンバラ大学の誇る音楽家の一人である。

3. 大学内での音楽活動——学生自治の伝統と「本気で楽しむ」学生生活

さて、音楽専攻が充実している大学はなにもエディンバラ大学だけではない。音楽大学を含め、世界に数多く存在するだろう。ここで視点を専攻以外の学生生活に移し、エディンバラ大学らしさがにじみ出る、学部学科、国籍、人種を超えた音楽活動の一例を紹介したい。

英国人はコンテストが好きである。テレビを見ると、じつにさまざまなコンテストが行われている。男の料理コンテスト、パティシエによるユニークなケーキコンテスト、部屋のリフォームコンテスト、スコットランドならではのキルトファッション・コンテストなどなど、大の大人が夢中になってチャレンジする本気とユーモアの入り混じったお楽しみである。筆者も学内の活動に巻き込まれ、このようなコンテストに参加した。それは大学のサークルの一つ、日本語合唱団に関わったことから始まる。

誘われて伴奏者として参加したのだが、驚いたことにメンバーのほとんどが日本語を知らない。国籍はさまざまで、日本人留学生も少数いるが、そのほかはスコットランド人、香港、台湾、スペイン、バングラディシュ、ミャンマー、韓国などからの留学生である。なぜかエディンバラで働く移民も混ざっている。かれらは日本語の響きが好きなのか、それともこのメンバーで何かをやるのが楽しいのかわからないが、じつに熱心である。ローマ字で書かれた日本語を律儀に読んで歌う。リーダーは日本人留学生で、神学科の博士課程に籍を置く才媛だった。彼女は折に触れてメンバーたちを自分のフラットに招待し、手作りのお寿司をふるまったり、皆を誘ってカラオケに行ったりしていた。多忙な研究生活を送りつつも、こうしてメンバーとのコミュニケーションに力を注ぎ、この個性豊かな多国籍グループをまとめる彼女の姿には感銘を受けた。

さて、そのとき彼女が選んだ歌は《いつも何度でも》と《千の風になって》である。メンバーは勤勉だ。一つひとつ、とにかく発音していく。そしてなんとか歌えるようになったとき、大学で開催される歌唱コンテストに出よう、という話になった。学生によって構成された委員会が主催するイベントで、オーガナイズから審査まですべて、学生有志が担当する。会場は学内の大型のレクチャー・ホールであった。われらが日本語合唱団は、無事予選を通過した。本選はなんと聴衆から入場料を取る。収益はすべて、市内の病院や各施設に寄付される。ホールの入り口では留学生による各国料理の屋台が出ており、お祭り気分を盛り上げている。ただしこの日は日本でいう大学祭でもなく、何かの記念日でもない、ごく普通に授業の行われる平日なのである。審査員は立候補した学生、すなわち、やりたい者がやる。ほとんどがスコットランド人と中国からの留学生だった。本選前日に日本語合唱団は、さらなる冒険を思いついた。審査員に中国人留学生が多いので、高得点を狙うために、これまで練習してきた日本語の歌詞を中国語に訳して歌おう、というのだ。日本人と中国人のメンバーが一夜漬けで訳詞を作り、当日の朝練習する。もはや日本語合唱団ですらない。この即席中国語でネイティブ中国人の審査員にアピールできるのだろうかと私は心配したが、合唱団員は皆本気である。

当日会場に行くと、客席はかなり埋まっていた。審査員たちはテレビ番組で見るコンテストの審査員さながらに、巧みな弁舌で講評する。それがまたおかしくて、会場は爆笑に包まれる。ファイナリストたちはラップのグループ、《You raise me up》を歌い上げる男子、中国語で演歌のような雰囲気の歌を歌う女子など、それぞれ工夫を凝らし、パワフルなステージを繰り広げる。われわれも健闘したが、残念ながら優勝は演歌風の中国歌謡を披露した留学生であった。

その翌週、大学内のパブで留学生が主催する演芸大会がある、というニュースがまわってきた。大学内にはこのようなパブのほか、カフェや売店が多数あるが、すべて大学の学生会（University Student's Association）が運営している。マキュワン・ホールのそばにお城と見紛う重厚なホールが立っているが、これはテヴィオット・ロウ・ハウス（Teviot Row House）といって、一八八九年に世界で初めて学生団体のために造られた建築物である。十九世紀後半に学生会や学生自治会が次々と創設されたエディンバラ大学には、学生たちの行動的・自主的、そして陽気な息吹が今もみなぎっている。

さて、日本語合唱団はその演芸大会に出演しようというのだ。パブの入り口をくぐると、酒の匂いが充満し、若者たちが汗を飛ばしてサルサを踊っていた。そんな中で中国、台湾、韓国、東南アジアなどからの留学生がさまざまな歌や踊りを披露している。カラテの型を演じる中国人もいた。日本語合唱団はいつもの白いシャツまたはブラウスと黒いスラックスまたはスカートに身をかため、直立不動で《千の風になって》を今度こそ日本語で熱唱する。私はキーボードで伴奏する。場違いもはなはだしくてはらはらしたが、どういうわけか反響は良く、写真を撮る者、大きな拍手をくれる者などがいた。

この合唱団自体は現在すでに解消しているかもしれない。当時共に過ごした留学生たちのほとんどは課程を終えて帰国している。しかし、このような団体は学内に無数にある。エディンバラ大学の学生たちは、学びの量も多いが楽しむことにもパワフルである。一日一日を、一瞬一瞬を、学び、楽しみ、面白い思い付きをわれ先に実践に移す。「前例のない」ことをするのが大好きである。そして音楽は彼らにとってエネルギーの源なのだ。

4. エディンバラ大学のクリスマス

エディンバラのような北の街にとって、クリスマスはいろいろな意味で重要だ。キリスト教国であるから、教会を中心にイエス・キリストの誕生が祝われるのはいうまでもない。だがそれだけではない。暗く寒いこの時期を人が乗り越えるには、イルミネーションに彩られた街でのクリスマスが必要なのだ。クリスマスは心の健康を保ってくれる。エディンバラの冬は極端に日が短い。十二月になると朝は九時頃まで真っ暗である。太陽は力なく昇って来るが、真上まで来ることなく午後三時半には沈んでしまう。小学生であろうと、朝は暗闇の中を登校するのだ。学校が終わるころにはまた真っ暗である。大人も子どもも闇の中で生活しなければならない。それがスコットランドの冬である。逆に夏になると夜十一時をまわっても空は明るい。ようやく薄闇が下りてきても、一晩中完全に暗くなることはない。商店はおおむね午後六時には閉まるが、あまりに明るいので帰宅する気にもなれず、サンドイッチを持ってエディンバラ周辺の丘陵地域にハイキングに行ったりする。季節による日照時間の差は、人の気分に大きく影響する。私自身、ここに暮らして辛かったのは、冬の寒さではなく暗さだった。ニュー・カレッジの図書館にこもっていて、夕方帰ろうと外に出ると、もはや鼻をつままれてもわからないほどの暗闇である。しかし、ザ・マウンドから見下ろす街にイルミネーションが輝いていることでどれだけ救われただろう。暗闇の中に光が輝く。イエスの誕生を告げる星のように、それは心に希望のようなものをくれる。厳しい自然環境の中で実感することができた。

このイルミネーションは、クリスマスの四週間ほど前、イエスの誕生を待ち望む期間、アドヴェントの始まりと共に灯される。闇に支配される街中が明るく暖かく輝く。新市街のプリンシズ・ストリート・ガーデンには多くの出店が出る。特にドイツからの移民や留学生たちの関わるクリスマス・マーケットは人気である。ドイツで冬に好まれるグリューヴァイン（スパイスを入れて温めた赤ワイン）は、英語圏ではマルドワインと呼ばれ、街のあちらこちらに屋台が出る。なんと大学でも会議終了後などにふるまわれるし、教会でもミサのあと、用意されたマルドワインで体を温めたりする。友人たちとクリスマス・マーケットを冷やかし、大きなマグカップに注がれたマルドワインを飲みながら歩くと、元気が出てくる。

私にとって特に思い出深いマルドワインは、老人ホームの入居者にご馳走していただいたものである。アドヴェントのある日、神学科の教授から老人ホームへの同行を依頼された。ホームでのクリスマス礼拝で教授が説教の奉仕をするので、オルガン奏楽をしてくれないか、ということだった。喜んでついて行ってみたら、そこはなかなかの高級ホームであった。シャンデリアの輝くゴージャスなフロアに椅子が並び、おしゃれな老婦人やダンディーな老紳士たちが集まって来る。オルガンの前に座った私を見ると、日本人が来たというのが珍しかったのか、お年寄りたちはそばに寄ってきて、日本にも賛美歌はあるの？　日本の教会はどんなふうなの？　などとしきりに話しかけてくれた。そして礼拝が終わると、一人の老婦人が「私の部屋でお茶しましょう」と、私たちを招いた。緑色のカーディガンを着たその方は、胸にヒイラギと星を組み合わせたクリスマス・デザインのブローチを着けておられ、たまたまそれが私のブローチと似ていたので、「お揃いよ！」と嬉しそうにしてくれた。老婦人は「お茶を淹れましょうか？　それとも……マルドワイン?!」とウィンクしながらお茶目に尋ねた。教授と私は声を合わせて「マルドワイン！」と叫び、あつあつのワインをいただきながら楽しいおしゃべりをした。その老婦人はドイツ人だった。若いころ結婚してスコットランドへやって来たが、この陽気な国が大変気に入っている、とのことだった。教授も私もドイツとは関わりがあるので、ドイツとスコットランドの違いが話題になった。たとえばドイツ人は交通信号を几帳面に守る。その点では日本人に似ている。それどころかドイツの場合、信号無視は一か月間の免停および罰金刑にあたる。二の腕いっぱいにタトゥーを入れ、髪をモヒカン刈りにしたバイク乗りの若者も、赤信号ではきちんと止まる。しかしスコットランド人にその気質はない。壊れている信号機も多いし、大通りのラウンドアバウトを、人々は適当に渡っていく。これは正直怖かったので、私はできる限り信号を守るようにしていた。しかしスコットランド人がドイツに移住したら、信号無視で罰金を取られ放題になるのではないだろうか。そんな話で盛り上がった。神学科に籍を置かせていただいたおかげで老人ホームの訪問まで実現し、しかも入居者とマルドワインを楽しむアドヴェント、私にとって心温まる貴重な思い出である。

さて、十二月も半ばになると、ターム（学期）を終えた留学生たちはクリスマスを家族と過ごすため帰国してしまう。教員たちの中には、より暖かい国で休暇を過ごすため、外国へ旅立つ人もいる。しかしエディンバラ大学は、この時期に最高のクリスマス行事を用意しているのだ。それがマキュワン・ホールで催されるキャロル・サーヴィス（クリスマスの音楽礼拝）である。このキャロル・サーヴィスの素晴らしさは渡英前から聞き知っていて、ぜひ参加したいと思っていた。

キャロル・サーヴィスは十二月十一日に行われるという情報を得て、その日を待ちわびた。当日は雲が垂れ込め、冷たい雨のそぼ降る悪天候だった。午後七時開始ということで六時ごろにホールの前に行くと、身を切るような寒さの中、すでに長蛇の列がホールの円形の外壁を取り巻いていた。やがて扉が開かれ、ホールの中に入る。

マキュワン・ホールは一一七九名の聴衆を収容できるが、この日は超満員となった。救世軍のブラスバンド演奏が私たちを迎えてくれる。そして大学チャプレンの歓迎の辞と、それに続く礼拝への招きの言葉でキャロル・サーヴィスは始まる。エディンバラ大学ルネサンス・シン

12 月の大学クリスマス・キャロル・サーヴィス。満員のマキュワン・ホール

ジョン・キッチン博士率いるエディンバラ大学シンガーズ

ガーズという学生合唱団がホール入口でイントロダクションを歌う。続いて《O come, O come, Emmanuel》（日本の『讃美歌21』―二三一）を歌いつつ入場する。そこからは聖書の朗読と会衆によるクリスマス・キャロル斉唱が交互に行われる。レッスンズ・アンド・キャロルズ（Lessons and Carols）という伝統的なクリスマス音楽礼拝の形式である。途中、エディンバラ大学ルネサンス・シンガーズと、エディンバラ大学シンガーズの二つの合唱団が古今の合唱曲を挿入する。私たち会衆はキャロルを力いっぱい歌う。メンデルスゾーン作曲の有名なクリスマス・キャロル《Hark, the herald-angels sing》（『讃美歌21』―二六二）が歌われるころには会場は熱気に包まれていた。音楽の力強さが超満員の聴衆を酔わせ、高揚させていた。途中、学生たちがバケツを持って客席を回る。献金である。このお金は子どものための病院、小児がんの子どもとその家族のために寄付されるのだ。最後のキャロルは《O come, all ye faithful》（『讃美歌21』―二五九）であった。圧倒的な感動のうちに、一時間半にわたるキャロル・サーヴィスは幕を閉じた。何より感動したのは、学生や教員など大学に関わる人々と街の人々が皆誇らしげであったこと、また、このエディンバラ大学によるキャロル・サーヴィスを自分の喜びにしていることだった。このあと地下のチャプレンシー・センターで、マルドワインとショートブレッドがふるまわれた。

自分がそこにいて催しに加わることができる喜び、そしてその喜びを通して街のチャリティにささやかながら尽くすことができる誇り、それを多くの人に感じさせるこのキャロル・サーヴィスの力。このような力は一夜にして得られるものではない。街の歴史、街と共に刻んできた大学の歴史、キリスト教チャリティの伝統など、多くの時を経て積み上げられてきた力である。キリスト教教会音楽に関わる者として、この夜のことを忘れてはいけない、と思った。

Edinburgh

第三章
スコットランドの教会と歌

スコットランドがもともとはドルイド教を信仰する国であったことは第一章で述べた。それでは、いつごろ、どのようにしてキリスト教が伝えられたのだろうか。スコットランドにローマ・カトリックが広まった経緯と宗教改革までのキリスト教の展開からこの章を始めよう。

1. キリスト教のスコットランド伝来とローマ・カトリックの定着

ローマ帝国がピクト人制圧を断念したのちも、この国に目を留め、近づいてくる人々はいた。バイキングの侵略、そしてキリスト教を伝えようとする聖者である。五六三年、武士のように筋骨たくましい一人の男が十二人の仲間と共に小舟に乗り、スコットランド西部のアイオナという島に流れ着いた。彼は、当時すでにキリスト教化していたアイルランドの貴族だった。伝説によれば、故郷でお家騒動に巻き込まれ、その紛争によって命を落とした人々と同数の人の魂を救おうと決意したのだという。彼の名は現在、聖コロンバ（Saint Columba, 521–597）として知られている。彼はアイオナ島にスコットランド初の修道院を建て、さらにピクト人をキリスト教に導くため、ハイランド深く分け入っていった。布教活動はピクト人以外にも及んでいく。ロウランドから現在の北イングランド、すなわちノーザンブリアのアングロ・サクソン諸部族は、彼の影響の下、キリスト教の教えに従っていった。聖コロンバは三十四年にわたって布教し、アイオナで没した。

その後七一五年には、ピクトの王ネフタン・マック・デル＝イレイ（Nechtan mac Der-Ilei, 686以前–732）がキリスト教の伝道師を受け入れ、ドルイド教とキリスト教の融合を進めた。とはいえ、ピクトは文字を持たず、民族の歴史を伝える文献を残していない。どのような経緯でキリスト教がピクトの国に受け入れられ浸透していったか、詳細を確実に知る手立てはない。

九世紀に、第一章で取り上げたダルリアダ人ケニス・マカルピンが登場し、この地にスコットの王権を確立した。このスコット人の王権は長い争いを経て、十一世紀、マルカム二世、ダンカン一世、マクベス、そしてマルカム・カンモアへと引き継がれる。このマルカム・カンモアの時代に、主に彼の妃であるマーガレットによってキリスト教化が進んだことは前に述べた通りである。

その後、ローマ・カトリックがヨーロッパ世界に指導力を発揮した十三世紀には、ローマ風の典礼と共にローマ式聖歌がスコットランドでも用いられ、グラスゴー、ダンファームリン、エルギン、セント・アンドルーズなどの教会には歌唱学校も組み込まれていた。十四世紀、イングランドはスコットランドを併合しようとたびたび侵略を試みる。自衛のためスコットランドはフランスとの関係を強化した。その副産物として、大陸の音楽の影響がスコットランドに及ぶ。十五世紀のエディンバラ王室礼拝堂では、スコットランド音楽のほか、イングランド、ブルゴーニュ

エディンバラ城 聖マーガレット礼拝堂のステンドグラスに描かれた聖コロンバ

楽派、フランドル楽派の影響を受けた多声音楽が用いられたと考えられている。宗教改革前の短い開花の時期だった。しかしまもなく、スコットランド教会音楽の受難が始まる。

2. スコットランド宗教改革と音楽

ローマ・カトリックは三九二年にローマ帝国の国教と定められて以来、典礼と音楽の統一を図ってきた。前項に示したように、スコットランドでもその伝統が生かされた時期が確かにあった。しかし十六世紀後半、スコットランド宗教改革がおこると、教会音楽の運命は暗転に追い込まれた。

一五一七年、ドイツのマルティン・ルターによって顕在化された宗教改革は、ルネサンスの文化、政治すべてに影響を与える大事件となった。ルターは音楽をとりわけ重要視した。これまでのように聖職者や修道士だけが教会の音楽に携わるのではなく、教会に集まった人々全員が声を上げて歌う新しい礼拝音楽の形を提唱した。こうしてルターの母国語であるドイツ語の賛美歌が数多く作られる。ジュネーブやストラスブールではフランス語の詩編歌集が作られ、やがてイングランドでも英語の祈祷書や歌集が編まれる。

しかし、教会における音楽のありかたをめぐり、宗教改革者の考えは分かれていく。宗教改革という大きな事件の中で音楽は台風の目であった。芸術が人の心に与える影響は大きいが、音楽のそれは最もなまなましい形で現れる。音楽は胎児の心身にも働きかけるといわれる唯一の芸術である。この世での経験が皆無の胎児も、音楽には反応する。音楽は人に刺激を与え、力づけ、癒すこともあるが、逆に音楽によって人は悲しい気持ちになり涙を流すこともある。さらに演奏という作業に至っては、音楽ほど技術の優劣があらわに出るものはない。他者からの評価が絡まり、世俗的な思惑がつきものとなってくる。古代ギリシャの昔からこれは大きな問題であった。音楽は響きから成り立っているが、人の邪念を退け純粋な調和として響かせるにはどうしたらよいか、宗教改革者もこの点に神経質にならざるを得なかった。民衆が礼拝に深く関わってくればくるほど、音楽のあり方への対策は複雑化した。音楽は礼拝を活性化させ、人々の心を燃え立たせるだろう。それは聖書にも、多くのエピソードを通して表わされている。しかし音楽は同時に娯楽や虚栄にも結びつくのである。ジュネーブのジャン・カルヴァンやチューリヒのフルドリヒ・ツヴィングリは礼拝での音楽を警戒した。牧師の解き明かす神の言葉よりも音楽に心が奪われてしまうこと、また演奏者の優劣によって教会の中に亀裂が入ることなどがその理由として挙げられる。推奨されたのは旧約聖書の詩編のみ、簡単な旋律をつけ、単旋律・無伴奏で朗誦するという形であった。このジャン・カルヴァンの方針に賛同し、これを極端な形でスコットランドに導入した宗教改革者がいた。エディンバラ大学ニュー・カレッジの入り口に立ちはだかり、高らかに神の言葉を伝えている銅像の人、ジョン・ノックス（John Knox, 1514頃–1572）である。

ノックスはセント・アンドルーズ大学に学び、カトリック聖職者の叙階を受けていたが、職業としては公証人、家庭教師などで暮らしを立てた。しかし一五四五年、プロテスタントの説教者ジョージ・ウィシャート（George Wishart, 1513–1546）と出会い、人生の変換点に立つ。ウィシャートはローマ教皇制の欠陥を指摘し、その権力乱用を告発して、ついにエディンバラにて火あぶりの刑に処された人である。彼の影響を強く受けたノックスは、自ら説教者としてローマ・カトリックとの闘いに身を投じていく。闘いの中でノックスはフランス勢力によって捕縛され、十九か月間ガレー船を漕ぐという苦役に服した。その後イングランドに滞在し、さらにジュネーブへ亡命、カルヴァンの影響を受ける。彼は故国スコットランドがフランスと強く結びついていること、カトリック勢力下にいることを憂い、その宗教的状況に危機感をつのらせた。一五五九年に帰国するや彼はカトリック教会と果敢に対決し、国家の干渉を受けない信徒代表による長老主義教会の確立に腐心する。一五六〇年、彼はエディンバラで宗教改革議会を成立させ、ローマ教皇権の否認を明らかにし、宗教改革を成し遂げた。その中でオルガンや聖歌隊を教皇主義につながる華美なものとして排斥した。人間の傲慢さや虚栄心を助長するこれらのものは、罪悪の根源にほかならないと断罪したのだ。

彼の指導力は国民の精神的根幹を根底から形成しなおすほどの強烈なものであった。スコットランド国教会からは音楽や美術といった美的なものがことごとく消え去り、信徒たちの「歌唱」に近い行為といえば、詩編を無伴奏で朗誦するのみとなった。このスタイルが原理主義的な長老派教会の指導のもと、延々と守られ続けることになる。

宗教改革後しばらくは、スコットランドの作曲家たちはプロテスタント各国の賛美歌や詩編歌の旋律を用い、それにハーモニーをつけたり編曲したりして礼拝に提供した。しかし、しだいに単旋律詩編朗誦以外のものに対する制限は厳しくなっていく。宗教改革初期には、政治的権力者の中にも音楽的に和声づけした詩編歌を保存する努力を実践した人物がいた。代表的な例が女王メアリーの摂政であったマリ伯ジェイムズ・ステュアート（James Stewart, 1st Earl of Moray, 1531–1570）である。マリ伯が編纂した和声付詩編歌はセント・アンドルーズ主教座聖堂牧師、トーマス・ウッド（Thomas Wode, ?–1592）によって筆写され、パート譜の形で残された。しかし一五七〇年にマリ伯が暗殺されると企画は頓挫し、音楽の水準は低下の一途をたどった。スコットランド人による作曲、演奏活動は激減し、音楽は教会ばかりでなく宮廷からも見捨てられる事態となった。楽器や聖歌隊の存在は虚栄に通じるという考えは深く根をおろし、人々は音楽を楽しむ行為に罪悪感を持ち、遠ざかる。宗教改革をきっかけに、教会から、そして宮廷からも音楽がかくも徹底的に排斥された例は、スコットランドをおいてほかに見当たらない。

ちなみにウッドのパート譜は国内外に散逸してしまったが、二〇一一年、エディンバラ大学の

「ウッド詩編歌プロジェクト」(Wode Psalter Project) により収集され、展示や演奏が行われた。大学のメイン・ライブラリーには美しく彩色されたウッド詩編歌のパート譜が集められ、ちょうどエディンバラに住み始めた私は幸いにもそれらを見ることができた。

3. 目覚め

変化は十八世紀半ば、スコットランド北部、アバディーンシャーの小さな村に起こる。トーマス・チャノン (Thomas Channon, 生没年不詳) という軍人がリーダーとなり、兵士たちにこれまでとは異なる教会音楽の歌唱指導を始めたのだ。彼はメソディストの影響下に育ったイングランド人であり、すでにイングランドでは芽生えていたアマチュアによる合唱の楽しみを兵士たちに教えたいと願ったのだった。除隊したのち、チャノンはアバディーン長老会議の非公式メンバーとなり、教会会衆のうち歌唱を学びたいと望む人々の指導に献身することとなった。

チャノンの協力者として名乗りをあげたのは、アバディーン近郊に住むサー・アーチボルド・グラント (Sir Archibald Grant, 1696–1778) であった。この准男爵は進歩的な精神を持ち、文化政策向上の必要性を以前から訴えていた。彼はまた農業、林業のパイオニアでもあり、実際に植林を指導した。工業の発展にも関わり、ガラス製造や花崗岩研磨など、のちのアバディーン工業の成功を予感させる事業を行っている。この精力的で財力のある人物はまた、音楽にことのほか関心を持っていた。一七四八年、彼は地区教会に小さな聖歌隊を作る。スコットランド国教会総会に働きかけ、良い声の子どもに音楽教育を施す必要性を主張し、また自宅の書斎にオルガンを入れて聖歌隊の練習ができるようにした。聖歌隊の訓練が実を結び始めたころ、チャノンは隊員の中から特に優れた者を選び、近隣の土地でデモンストレーションを行う。そこでは彼の指導方針や歌唱についての信念が披露された。彼が着手した改革について、以下のような記録がある。

(1)旋律について

・古い旋律や新曲から最良のものを選りすぐること。最良のソースを用いること。
・旋律を「真摯に簡素に」教えること。震え声でわざとらしく歌ってはいけない。
・混乱を避け、正しいテンポを守ること。

(2)和声について

宗教改革の時代でさえ和声が導入されていたことが、当時の書物に記されている。それはなんらかの方法で後世に伝えられていったが、不注意のため今では失われている。今わかっているのは以下のことである。「和声は教会に荘厳さをもたらす必要品であり、音楽の偉大な効果といえる。(中略)和声を軽視すると旋律は意味を失う」

(Scots Magazine, 1755よりの引用。Millar Patrick著、*Four centuries of Scottish psalmody*, Oxford University Press 1950, pp. 151–152参照)

ここからわかるように、チャノンは詩編を既存の旋律で歌うという方針には従っていたが、単旋律でなく、複数の旋律を和声的に絡める多声合唱を志していた。二つの項目のうちチャノンが特に伝えようとしたのは（2）であろう。なんとか教会側を説き伏せて、多声合唱を蘇らせようとする彼の意図がここには見える。しかしこの時点で、和声の重要性を説かれた人々は戸惑ったに違いない。詩編を多声で歌うことを忌むのは、もはや慣習となっていた。チャノンやサー・アーチボルドの主張は受け入れられず、聖歌隊運営は難航した。指導のさいチャノンが用いるピッチ・パイプまでもが人々の非難の的であった。あんな呼子笛で詩編歌唱をリードするのは冒瀆だ、というわけである。チャノンの提唱する聖歌隊の音楽や教会の会衆による合唱は、奇をてらった雑音にすぎず、合唱曲は詩編朗誦の調和を乱す騒音であるとされ、聖歌隊の少年に偽証をさせてまで合唱曲を排除しようとした。

一七五五年一月二日、チャノンはアバディーンに招かれ、聖ニコラス教会において行政官や聖職者、住民代表の前で自分の率いる聖歌隊のコンサートを催した。聖歌隊はかなり大規模で、バス十八名、テナー三十名（うち五名はカウンター・テナー兼務）、女声二十二名であった。教会会議はこのコンサートについて一月二十日に討議の場を設け、次のような決議を満場一致で下した。

一月二日礼拝後に行われた演奏を例にとると、あのようなものは公の礼拝に導入するにふさわしくない。先唱者（教会の歌唱リーダー）はスコットランド国教会の定めた十二の教会テューン（旋律）にしたがって歌うこと。次の主日にこの取り決めを、説教を担当した牧師が説教壇の上で公式に読み上げること。すべての人はコモン・テューン（公式に決められた普遍的旋律）を学び、子どもたちにもそれを教えること。（（　）内は筆者による説明である。前出 Patrick 1950, p.153）

おそらくチャノンはこのとき、新しいテューンを創作して用いていたと思われる。それが教会会議の逆鱗に触れたのだろう。反対勢力は執拗だった。これに対抗するため、推進派の人々はまず合唱曲の歌い方、指導の仕方を自ら学ばねばならなかった。複数のパートが異なる旋律を歌い、なおかつ美しい調和を保つには耳の訓練が必要である。単旋律で朗誦するのに慣れた人々にハーモニーの重要性を教えるのは、並大抵のことではなかっただろう。合唱指導を体系的に学ぶ機関はまだ存在しなかった。

しかしこのころには、合唱運動はアバディーン郊外を中心に、急速な広がりを見せていた。聖歌隊の規模が大きくなり、教会内に聖歌隊用のギャラリーを設ける例も出てきた。当時のスコットランド国教会の慣例的設計では、ギャラリーの導入は珍しいものだった。例としては一七五四年、キントア（Kintore）の教会が挙げられる。ここでは聖歌隊の人数が百二十人にまで増え、教会で重要な存在となっていた。おりしも新しく着任したキントア伯爵がそれを支持した。またハントリー（Huntly）にも同様な例があり、ギャラリーが設けられた。いずれもアバディーン近郊の街である。

合唱運動の波はすでにエディンバラ、グラスゴーへ到達していた。一七五六年、エディンバラ市議会は教会音楽指導の高度な技術を持った人材を募集することにしたが、それに先立ち一七五五年、全体を統括する指導者をイングランドから招聘した。ダラム大聖堂聖歌隊のコーンフォース・ギルソン（Cornforth Gilson, 1715頃–1774以後）である。ギルソンは《初心者の進歩のための歌唱教本、四声の教会テューン、賛美歌集、カノン、エアと小曲付き》（Lessons on the Practice of Singing, with an Addition of the Church Tunes, in four Parts, and a Collection of Hymns：Canons, Airs and Catches, for the Improvement of Beginners）を教本として出版した。四声体の作品が三十曲収められ、オルガンの数字付き低音が伴奏として付されている。市のあちこちに楽譜を読む訓練と歌唱の教習所が設けられ、教会の歌唱リーダーが指導にあたった。数多くの委員会が立ち上げられてこの企画に取り組む。グラスゴーでも同じように公職として指導者が雇用されるようになり、歌集の出版も始まった。ただしスコットランド国教会が主体性をもって合唱活動を受け入れるようになるには十九世紀を待たねばならない。

4. ロバート・アーチボルド・スミスと合唱活動の開花

十九世紀のはじめ、ロバート・アーチボルド・スミス（Robert Archibald Smith, 1780–1829）という青年がスコットランド南西部の街ペイズリー（Paisley）に現れる。彼こそがスコットランドに合唱を根付かせた功労者である。彼自身の作品は現在忘れられており、わずかに流布している楽譜を見ると、現代の聖歌隊や合唱団がレパートリーとするには平易で魅力に乏しい。しかし彼がスコットランドの合唱運動、ひいては市民参加型音楽定着に及ぼした影響は見過ごせない。

スミスはイングランドのレディングに生まれる。両親はスコットランド人であった。一八〇〇年、一家はペイズリーに移り住む。スミスは早くから音楽の才能を示し、一八〇七年にはペイズリーのアビー・チャーチで先唱者をつとめるようになった。そして、ここで早くも聖歌隊結成が実現した。彼の指導のもと、アビー・チャーチの聖歌隊は短期間に成長し、スコットランド西部では随一といわれるようにまでなる。

スミスはスコットランドの詩人による詩作に音楽を付けることに力を注いだ。やがて高名な詩人ロバート・タナヒル（Robert Tannahill, 1774–1810）に紹介されるという絶好の機会がやってきた。タナヒルとの協力関係はスミスにとって、生涯を左右する重要なものとなっていく。一八〇八年、スミスはタナヒルの詩による歌集《ジェシー、ダンブレインの花》（Jessie, the Flow'r o' Dunblane）を刊行する。この歌集はまたたく間に版を重ね、スミスの名は広く知られるようになる。いっぽう教会音楽での最初の業績は一八二〇年の《礼拝音楽選集》（Devotional Music, Original and Selected）であった。ここにはルターはじめさまざまなソースからの音楽四十四曲が収められており、うち十三曲はスミス自身の作品である。九年後には《四声のためのアンセム集》（Anthems in Four Vocal Parts）が完成される。そしてスミスの業績のうちでも最大の労作とされる著作『スコットランドの詩人たち』（The Scottish Minstrel）は一八二一年から一八二四年にわたり六巻に分けて刊行された。さらに彼は、ペイズリーのボランティア・バンドに所属し、管楽器を担当した（ただし、このとき管楽器演奏に打ち込んだことがのちに彼の健康を損ねる原因の一つになる）。

一八二三年、スミスは二十三年間を過ごしたペイズリーを離れ、エディンバラへ招かれた。聖ジョージ教会の先唱者に着任し、詩編歌編曲に取り組む。詩編歌を会衆が音楽的に歌うために最適な和声を施し、これを公の場で歌わせること。これこそチャノンやサー・アーチボルドの宿願であり、スコットランド国教会が一歩を踏み出しつつも躊躇してきた課題であった。スミスは聖ジョージ教会を本拠地として聖歌隊用アンセム製作に打ち込んだ。いっぽうでは教会音楽に限らず、あらゆるジャンルの歌曲を集めてエディンバラでコンサートを企画し、自らテノールを歌った。また演奏旅行も回数を重ねるようになり、彼の啓蒙活動は多忙なものになっていく。

一八二八年、《エディンバラ聖ジョージ教会にて歌われるテューン、サンクトゥス、ドクソロジー、感謝の祈りからなる宗教曲》(Sacred Music, consisting of Tunes, Sanctuses, Doxologies, Thanksgiving & c., Sung in St. George's Church, Edinburgh) が出版された。この曲集は好評を博し、版を重ねた。スミスは周囲の反応を注意深く考慮しつつ、改訂を加えた。また同年の《四声のスコットランド教会聖歌集、長老派教会で用いられた詩編、パラフレーズ、賛美歌からの改編》(The Sacred Harmony of the Church of Scotland, in Four Vocal Parts, adapted to the Version of the Psalms, Paraphrases, Hymns, & c., used in the Presbyterian Churches) も広く支持されるものとなった。

スミスが音楽的改革を急がずあわてず、成功に導くようにいかに腐心していたかを知るために、四声合唱曲中、最もよく知られた《How Beautiful upon the Mountains》を例に挙げよう。聖書にもとづいた歌詞は詩編ではなく、イザヤ書第五十二章七節と九節からとられている。

How beautiful upon the mountains
are the feet of him that bringeth good tidings,
That publisheth peace, that bringeth good tidings,
That publisheth salvation, that saith unto Zion,
Thy God reigneth：
Break forth into joy, sing together, ye waste places of Jerusalem,
For the Lord hath comforted his people, He hath redeemed Jerusalem.
Hallelujah! Praise ye the Lord.

いかに美しいことか
山々を行き巡り、良い知らせを伝える者の足は。
彼は平和を告げ、恵みの良い知らせを伝え
救いを告げ
あなたの神は王になられた、とシオンに向かって呼ばわる。
歓声をあげ、共に喜び歌え、エルサレムの廃墟よ。
主はその民を慰め、エルサレムを贖われた。

ハレルヤ！　主をたたえよ。

キリスト教徒にはおなじみのこの聖句にスミスが付けた音楽は、シンプルで歌いやすい。反復が多く、歌唱技巧を誇示する必要もない。多くの箇所で、四つのパートは同一のリズムで動く。この曲はクリスマス用に愛好され、楽譜は何度も再版されて北イングランドからコーンウォール地方まで広まった。

いっぽう、彼は《アイルランド歌集、古今の歌より》（The Irish Minstrel, a Selection from the Vocal Melodies of Ireland, Ancient and Modern, 1825）、《歌唱教本、音階練習と練習用歌曲譜例付》（An Introduction to Singing, Comprising various Examples, with Scales, Exercises, and Songs, 1826）のように、一般の人々が歌唱を日常的に楽しむようになるための編著を残している。

もともと丈夫ではなかったスミスは一八二九年、四十九歳で生涯を閉じた。エディンバラでの六年間、彼は詩編朗誦の厚い壁に隙間を作り、教会で歌う喜びを辛抱強く伝えた。ともに歌い、楽しむことで心を高揚させる体験は、悪魔の仕業ではないと説いた。同時に馴染みやすく比較的平易なアイルランド旋律などを集めて編曲し、音楽的知識のない人々でも参加できる合唱の楽しみを広げていった。十九世紀も三分の一を過ぎるころ、合唱への根強い罪悪感はようやく雪解けの日を迎えた。

十八世紀半ばに起こった合唱運動は十九世紀初めのスミス出現に至り、結実への第一歩を踏み出す。スミスが没した一八二九年は、ドイツでメンデルスゾーンがバッハの《マタイ受難曲》復活上演をした年である。メンデルスゾーンは工夫を凝らし、十九世紀ベルリンの聴衆の耳に合うよう楽器編成を変え、編曲をほどこした。演奏会は大成功をおさめ、聴衆はバッハの価値を再発見し、以後ドイツで宗教音楽がブームとなった。スミスもまたメンデルスゾーンと同様、己の生きる時代を意識し、同時代の人々に文化的改革を受容させるにはどうしたらよいかを考え抜いて変革を行った。マキュワン・ホールに掲げられている聖句が示すように、価値ある行為には知恵と分別が不可欠なのだ。

Edinburgh

第四章 パイプオルガンをめぐって

本章ではスコットランド国教会において、歌以上に嫌われ排斥されたパイプオルガンという楽器の数奇な運命をたどってみよう。

1．パイプオルガンの誕生とキリスト教

パイプオルガンのイメージは教会の聖なる空間に響き渡る天上の音楽といったところだろうか。しかしそのルーツをたどると、キリスト教成立よりはるか昔に考案された世俗の楽器である。キリスト教が広まって以降も、たとえば悪名高いローマ皇帝ネロは、芸術家を自負していただけあってこの楽器の名手だったそうだ。彼はローマのコロッセオで、キリスト教徒を獣に食わせるという残虐なショーのバックミュージックに、自らオルガンを弾いたという。

パイプオルガンは鍵盤を持っているが、構造的には管楽器である。立ち並ぶ数多いパイプを風で鳴らす。風は古くは水力やふいごを用いて起こしたが、現代ではほとんどの場合モーターを使う（ふいごはパイプオルガンの風を起こす道具として二十世紀初めごろまで使われていたし、現代でもふいごを備えたオルガンは存在している）。「オルガン」と名付けられる楽器には足踏みのリードオルガン、電子オルガンなどがあるが、「パイプオルガン」といえる楽器は、鍵盤、パイプ、送風装置の三点を備えていなければならない。楽器というより機材のようである。そもそも

オルガンは、いつごろどのような状況のもとに発明されたのだろうか。

管楽器を演奏するとき、特殊な例を除いて、一人で何本もの管を鳴らすことはできない。基本的には一人一本である。しかし紀元前三世紀、発想の転換によって、数多くの管楽器を一人の人間が操り、和音さえ奏でる方法を考案した人物がいた。アレクサンドリアに住む技師、クテシビオス（Ktesibios）である。当時ヘレニズム文化が開花していたこの街は、エジプトの地中海沿岸に位置する。ギリシャとの関わりが深く、多くの科学者が地中海を渡って行き来していた。アルキメデスのようなよく知られた人物もヘレニズム文化の担い手である。クテシビオスもまたギリシャ人であった。彼は人の息を使って管楽器を吹き鳴らす、という常識を打ち破り、人工的な送風装置によって管楽器に空気を流し込むことを思いついた。これがパイプオルガンのはじまりといわれている。クテシビオスの考案した楽器は「水圧オルガン（Hydraulos）」と呼ばれ、大変な人気を得た。地中海を経由してギリシャへ、そして東方のアラブ世界、さらにローマへと広がっていった。紀元前のローマ帝国統治下で、イベリア半島とブリテン島を除く各地にオルガンが存在したことは、考古学的出土品から明らかになっている。当時、この珍しい楽器は高貴な人々の間で交わされる贈答品として用いられ、催事の行進や競技を盛り上げる役割をつとめたようである。

キリスト教がヨーロッパに定着した中世、オルガンは少しずつ教会の楽器として取り入れられていった。日本オルガニスト協会名誉会員の馬淵久夫氏は、同協会監修による『オルガンの芸術』で、以下の記録を最古のものとして挙げている。

1. 八七三年、教皇ヨハネス八世（在位：八七二〜八八二）は、バイエルン地方フライジンクのハンノ司教に、オルガン一台と音楽教育のできるオルガニスト一名をローマに送ることを依頼した。

2. 十世紀半ばに、イギリスのマームズベリーの修道院とウィンチェスターの聖ペテロ教会にオルガンが設置された。

この記録に従えば、オルガンは九世紀後半のどこかの時点で教会の礼拝を担いはじめたことが推測できる。ローマ・カトリック教会の楽器となったオルガンは、以後キリスト教音楽の歴史とともに歩みを重ねていく。

2. 資料にみるスコットランドでの初期状況

どうやらイングランドの教会には十世紀半ばにオルガンが流入していたらしい。ヨーロッパ各国のうちでも、かなり早い時期とみられる。いっぽう、スコットランドにおける初期状況は推測の域を出ない。スコットランドのオルガンに関する記録管理者であり、歴史的オルガンの保存に関わっているオルガニスト、アラン・ブキアン（Alan Buchan）は、エディンバラ・オルガニスト協会（Edinburgh Society of Organists）が二〇一八年に編集し、二〇二〇年に改訂した書籍『スコットランドのオルガン』（Organs in Scotland）において、以下のような説明をしている。マルカム・カンモアの王妃マーガレットが、ここでも聖者らしい美しい挿話を提供してくれる。

最古の言及としては、一二五〇年にマーガレット王妃の遺物がダンファームリン修道院の中で移動されたとき、オルガンが演奏されていたという話がある。この逸話は十五世紀半ばの歴史書に記載されているが、のちに聖者となったマーガレット王妃の物語として粉飾されている可能性も皆無ではない。信頼できる最も古い記録はアバディーンの聖ニコラス教会に残されている。一四三七年に、オルガンの送風用ふいごに二十六シリング八ペンスが支払われたというのである。聖ニコラス教会では、宗教改革前、最後の時期のオルガンの断片が十八世紀末に発掘されている。さらに二十世紀にも新たに発掘された。

また、上記の書に先立ってエディンバラ・オルガニスト協会が一九八五年に編集した『スコットランドにおけるオルガンの暫定的リスト』（An Interim List of Scottish Organs）では、この時期スコットランドの随所で'amiable organ'（親しきオルガン）と呼ばれる音色が聴かれたことが紹介されている。ホリルードの王宮チャペル、ダンケルド大聖堂、リンリスゴーの聖マイケル地区教会、エディンバラのトリニティ・カレッジ教会などで演奏されていたという。オルガンが教会の楽器として、また王宮の楽器として親しまれ、育ちつつあった様子がみてとれる。なにか、小ぶりのオルガンが小鳥のようにそこかしこで歌っていたような、好ましい情景が思い浮かぶ。

エディンバラのザ・マウンドのふもと、ちょうどニュー・カレッジと向かい合う位置にスコットランド国立美術館（National Gallery of Scotland）がある。一階フロアに四枚一組の大きな祭壇画が据えられているが、そのうちの一枚は十五世紀ごろのスコットランドにおけるオルガンを描いた貴重な資料である。絵の右端には灰色の翼を背に畳んだ天使がいて、オルガンを弾いている。中央では法衣を纏った男性がひざまずいて祈りを捧げている。これはフランドルの画家フーゴー・ファン・デル・グース（Hugo van der Goes, 1440頃–1482）が一四七〇年代後半に描いた祭壇画である。法衣を着た人物は当時エディンバラのトリニティ・カレッジ教会で司祭をつとめていたエドワード・ボンキル卿（Sir Edward Bonkil, ？–1496）で、教会へのオルガン導入を計画し、職人たちに製作を依頼した。さらにボンキル卿は画家としてのフーゴーを庇護する立場でもあり、この祭壇画を描くよう促した。オルガンにはフランドル風の装飾が見られ、フランドル人のオルガン製作者がスコットランドで働いていたことを示している。前の章でも触れたように、このころエディンバラの王室礼拝堂では、ブルゴーニュ楽派、フランドル楽派の多声音楽が歌われていた。十五世紀のフランドルといえば、教会音楽の巨匠ギョーム・デュファイ（Guillaume du Fay, 1400頃-1474）をはじめとする音楽家を数多く生み、来たるべきルネサンスの基礎を形づくる新たな音楽の中心地であった。この祭壇画は、当時のエディンバラの教会や宮廷がフランドル楽派と交流していたことを改めて明示している。

しかし、一五六〇年の宗教改革と、そのあとに続く市民革命によって、オルガンは壊滅的な打撃を受け、駆逐されてしまう運命であった。我々は一五六〇年以前にスコットランドに存在したオルガンの姿を、現在この目で見ることはできない。ここに挙げたような数少ない間接的な記録に頼るのみである。

3. 改革、革命の嵐の中で――「ホイッスルの詰まった木箱」

ジョン・ノックスを中心とした一五六〇年の宗教改革は、ローマ・カトリック教会と教皇の影響力を否定するものであり、それはこれまで積み重ねられてきた信仰の形のみならず、国の精神的・社会的・政治的構築を覆す大変革であった。ノックスの主導する宗教改革議会は、ミサを犯罪として禁止し、違反すれば一度目には投獄と財産没収、二度目にはスコットランドからの追放、三度目には死罪を科すという法律を制定した。また偶像礼拝も取り締まられ、教会から聖者の像やステンドグラスなど、あらゆる視覚的な聖具が取り払われた。同時にこの改革は、教会音楽とオルガンに対する攻撃の宣言でもあった。公開礼拝ではあらゆる楽器の使用が禁止された。特にパイプオルガンは嫌悪の対象となった。

その後、ノックスの後継者アンドルー・メルヴィル（Andrew Melville, 1545–1622）によって長老教会主義がスコットランドの正式な統治システムとなると、スコットランド教会総会（General Assembly of the Church of Scotland）は、すべての楽器を教会から追放する旨を公式見解として法案化した。このときから一八八三年までの約三百年間、スコットランドは教会でのオルガン使用を法律で禁止する、世界で唯一の国となった。

一六〇三年、スコットランド王ジェイムズ六世（James Ⅵ/Ⅰ, 1566–1625）は、イングランド女王エリザベス一世の逝去にともない、ロンドンに招かれる。彼はイングランド王ジェイムズ一世として即位し、ここにスコットランドとイングランドは同一人物を王にいただく国となる。歴史はジェイムズの息子チャールズの戴冠と非業の死、清教徒革命による共和制政府樹立へと歩みを進めていく。清教徒革命の指導者クロムウェルは、礼拝における音楽を堕落の象徴として断罪した。町からはクリスマスやイースターの祝祭気分も消し去られた。教会に残存していたオルガンは打ち壊され、興奮した人々はパイプを引き抜き、「教皇主義者と共に溶解すべきだ」と叫んだ。一種の魔女狩りである。しかし指導者クロムウェルの死と同時にこの共和制は瓦解し、一六六〇年にはフランスに避難していた王子が帰国、王政復古が実現する。

とはいえ、教会に音楽が戻って来ることはなかった。一六八八年から八九年にかけておこった、カトリックの王に対するクーデターともいえる名誉革命により、プロテスタント体制が再び確立される。カトリックの王ジェイムズ二世は追放され、イングランドとスコットランドの王として招かれたのは、オランダのオレンジ公ウィリアムであった。彼はまさに、スコットランド長老派の源流ともいえるカルヴァン主義を強く信奉する指導者だった。長老派教会はこのウィリアム三世（スコットランド王としては二世。William Ⅲ/Ⅱ, 1650–1702）のもと、スコットランド国教会としての立場を整える。教会内の音楽や美術を認めない長老派が指導力を持つことによって、音楽は衰退の一途をたどる。革命の起こった一六八八年には、暴徒たちがエディンバラのホリルードハウス宮殿礼拝堂を襲い、宗教改革時代と共和制時代にも破壊を免れてきた宮殿のオルガンを引き倒し、打ち壊した。おりしも海を挟んだ大陸のドイツやイタリアでは、バロック音楽の花が咲き誇り、ヨハン・セバスティアン・バッハが産声を上げて間もないころである。スコットランドでは、人々はオルガンを‘Kist O’Whistles’（「ホイッスルの詰まった木箱」）と揶揄した。Kist はスコットランドの方言で、大きな木箱をいう。「ヒューヒュー鳴るホイッスルをぎっしり詰め込んだ木箱」が、スコットランドでのオルガンの別名であった。この蔑称に近い呼び名はイングランドにも広まったようだ。ロンドンの名建築家クリストファー・レン（Christopher Wren, 1632–1723）が、性能の悪いオルガンを指して 'Kist O'Whistles' と吐き捨てたという逸話がある。レンはロンドン大火災で焼失したセント・ポール寺院の再建を任されていたが、そのとき導入されようとしたオルガンがお気に召さなかったようである。

一七〇七年、合同法によってスコットランド議会が消滅すると、スコットランド教会総会はこの国にとって議会の性質を帯びるものとなった。公開礼拝での楽器使用禁止は国家の問題とされ、いっそう頑なになっていく。こうして、いずれの権力者の時代をとっても、スコットランドではオルガンが教会に鳴り響くことが罪悪とされ続けた。オルガンが息を吹き返すにはさらに百七十余年の歳月を必要とした。

4. 闘いと復活

教会にオルガンの導入を求める声は、十八世紀に少しずつ高まりをみせていく。スコットランド人のオルガン製作者も少数ながら現れた。とはいえ、教会でのオルガン使用はあくまで違法行為であった。彼らの製作したオルガンはほとんどが小規模であり、主に個人の練習用であった。その中で、法の規制をかいくぐってオルガン導入に力を入れた宗派に、スコットランド聖公会（監督教会ともいう。Scottish Episcopal Church）がある。プロテスタントでありながら、ローマ・カトリック教会が原始キリスト教から受け継いで築き上げた組織的・儀式的伝統を重んじる人々によって形成されている。一七〇〇年前後、アバディーン大学キングズ・カレッジの中に監督主義キリスト者の集会（Episcopalian congregation）が立ち上げられ、そこにはパイプオルガンが存在した。しかし、「こういった目新しさは怠惰な人間を引き付ける。礼拝のあと、酒場で飲んだくれるような連中を、である」との非難に晒された。一七四六年、ジャコバイトの乱が鎮静化すると、ジャコバイト側とみなされたスコットランド聖公会の立場は悪化した。アバディーン大学での集会は終わりを遂げ、監督主義キリスト者たちはギャロウゲイトのセント・ポール教会に集まり、そこにオルガンを置いて礼拝を続けた。ロンドンのトーマス・ホリスター（Thomas Hollister）による楽器である。ホリスターのほか、幾人かのイングランドのオルガン製作者は、十八世紀全般にわたりスコットランド聖公会チャペルにオルガンを提供し続けた。その後、エディンバラ、ダンディー、グラスゴーなど、諸都市のスコットランド聖公会がオルガン導入に動いた。オルガンという装置が「ホイッスルの詰まった箱」ではなく、美しい和音を響かせる楽器だということを理解する人々は、明らかに増えていた。

大陸のオルガン製作者もスコットランドにオルガンを送り込もうとつとめた。南ドイツのパッサウに生まれたジョン・シュネッツラー（John Snetzler, 1710–1785）は、一七四〇年ごろからロンドンを本拠地としていたが、八つのオルガンをスコットランドに作った。多くは後に破壊されたが、一七五七年、エディンバラに導入したオルガンは生き延びた。このほか一七七八年にサミュエル・グリーン（Samuel Green）が作ったオルガンも、'Tartan Kirk' と呼ばれるアバディーンの聖公会、セント・メアリー教会で保護された。

しかし十九世紀に入り、あらためてオルガンに対する警戒と規制が厳しさを増す。一八〇七年には、セント・アンドルーズのスコットランド国教会牧師がオルガンを導入しようと試みた。このときグラスゴーで開かれたスコットランド教会総会では、「公同礼拝におけるオルガンの使用は国の法に反しており、国教会の教義に背を向けるものである」との声明が採択された。

闘いのクライマックスと終結は十九世紀後半、首都エディンバラのグレイフライアーズ教会（Greyfriars Kirk）に訪れる。この教会は宗教改革後最初に建てられた長老派教会として、スコットランド国教会の重要な役割を担ってきた。現在は一つの教会であるが、かつては会堂が二つに分かれ、東側はオールド・グレイフライアーズ、西側はニュー・グレイフライアーズと呼ばれていた。一八六〇年に当時の牧師であったロバート・リー（Robert Lee, 1804–1868）が、周囲の反対を押し切ってオールド・グレイフライアーズにハーモニウムを導入した。これは、演奏者が足でふいごを踏んで音を出す小型の鍵盤楽器である。

グレイフライアーズ教会が礼拝で楽器を使用したことは、スコットランド国教会を動揺させた。一八六四年には、「礼拝でのオルガン使用は会衆の調和を妨げる、非難されるべきイノベーションであり、禁止事項である」という確認が国教会長老会議によってなされた。しかしリー牧師は決意をかためていた。一八六五年四月、ついに、名誉革命以降エディンバラで最初となるパイプオルガン導入が実現した。二段の手鍵盤と足鍵盤を持つ、大きくはないが本格的なオルガンである。エディンバラのデイヴィッド&トーマス・ハミルトン社（David & Thomas Hamilton）が製作を担った。

5. スコットランド国教会の新たな歩み

このころスコットランド国教会では、波乱含みの状況が続いていた。十八世紀後半からのスコットランド啓蒙の影響を受け、学問的キリスト教理解や、倫理、道徳と結びついた「真・善・美」および「中庸」を説こうとする穏健派クリスチャンと、宗教改革以来の教理を貫き、伝道や人道主義的活動を熱烈に進める福音派の激しい対立である。ついに一八四三年、スコットランド国教会は分裂した。福音派の人々はスコットランド国教会を去り、「スコットランド自由教会（Church of Scotland Free）」を創設した。一八四七年にはさらなる離脱がおこり、「スコットランド合同長老教会（United Presbyterian Church of Scotland）」があらたに設立された。スコットランド自由教会はこの宗教的混乱を切り抜けるため、強靭なリーダーシップを持つ新たな聖職者を育成することが急務だと考えた。第二章で述べたように一八四三年、新市街にフリー・チャーチ・カレッジという教育機関が設けられる。この年十一月、百六十八名の生徒が入学した。

さて、教会へのオルガン設置をとりまく状況に再び目を向けよう。しばらくの間は「オルガンはアンチクリストの印」「グレイフライアーズ教会は懐疑論と背信の公的舞台」との攻撃が止まなかった。しかし、教会音楽を求める動きは阻止できないうねりとなっていた。一八六六年、スコットランド国教会はついに、オルガン導入に対して法的許可を与えた。他の二つの長老派教会は簡単にはこれを受け入れなかったが、結局、合同長老教会が一八七二年に、自由教会が一八八三年に同様の許可を下す決断をした。

その後、分裂したスコットランド国教会は統一を目指して困難な歩みを続ける。二十世紀に入り、第一次世界大戦を経て、再合同が果たされたのは一九二九年のことであった。これを機に、フリー・チャーチ・カレッジはエディンバラ大学に統合され、一九三五年には神学科を擁する「ニュー・カレッジ」として新たな船出をした。

現在、スコットランドにはいくつもの宗派の教会があるが、圧倒的多数を占めるのは、再合同されたスコットランド国教会（Church of Scotland）である。スコットランドにおいて、キリスト教会の五分の四がこの宗派に属している。スコットランド国教会の力は今も大きい。エディンバラ新市街の一等地、ジョージ・ストリートに立派なオフィス・ビルディングを構え、二〇一一年に私が訪ねた折には、なぜか女性ばかりの職員がスマートに国教会の業務をこなしていた。私が住んだような教会関係者用住居を数多く有していて、大家さんの仕事もこのオフィスで行っていた。そのほかのプロテスタント教会としてはスコットランド聖公会、メソディスト教会などがあり、また、もちろんローマ・カトリック教会が存在する。音楽面においては、エディンバラやグラスゴーのような都市部で、教派・宗派を超えた協力が行われている。

ここで、アンドルー・カーネギー（Andrew Carnegie, 1835–1919）の名前に触れておきたい。アメリカの鉄鋼王として高名な彼だが、その生まれはスコットランドのダンファームリンである。父は毛織物業者であった。一八四八年に渡米した彼は事業の成功を重ね、巨万の富を築いた。生涯を通して、彼は約三億二五〇〇万ドルを、人種や宗教を超えて人類の向上のために寄付した。七つの信託が創設されたが、そのうち三つは英国に関するものである。中でも一九一四年に作られたCarnegie United Kingdom Trustは、図書館設立やオルガン製作を含めた、人々の精神的成長を促す事業に寄与した。彼は全世界の教会に総計七六九九台のオルガンを寄贈、または製作の援助をしているが、そのうち一〇〇五台は母国スコットランドに向けられたものである。

6. エディンバラのオルガン探訪

●歴史的オルガン　その①グレイフライアーズ教会

オルガンの使用に対する法的禁止が解かれて以来、オルガン製作を志す人々がスコットランドに増えていった。しかし、かれらの多くは急激なオルガン需要の増加や、ドラマティックな大音量を好む十九世紀市民の音楽的嗜好についていけず、十分な対応ができなかった。注文者は、ヴィクトリア朝イングランドにみられる大規模で表現力豊かなオルガンを求めたが、スコットランドの職人がこれまで作ってきたオルガンは、控えめな風圧による柔らかい音色のものであった。そこでスコットランドの職人の多くはイングランドへ赴いて工房の門を叩き、改めて技術的訓練を受け、製作にあたった。スコットランドの職人を擁したイングランドの工房は、スコットランドの地元にとどまっている工房よりはるかに多くのオルガンを、スコットランド内に設置した。三百年の眠りから覚めたばかりのスコットランドに十分な数の楽器を提供するのは、イングランドの工房との協力関係なくしては無理だったろう。

ここで、エディンバラの教会で今も神をたたえ、鳴り響いているオルガンを訪ねてみたい。まずは、前項で紹介したグレイフライアーズ教会である。色とりどりの店舗が立ち並ぶヴィクトリア・ストリートを上っていくと、忠犬ボビーの像が観光客を集めている交差点に出る。その裏側にこの教会はある。宗教改革後の重要な歴史的事件の数々をみつめてきた教会であり、ボビーとその飼い主の墓があることでも広く親しまれている。

一八六五年にリー牧師の主導のもと導入したオールド・グレイフライアーズのオルガンは、のちに三つの手鍵盤と足鍵盤を持つ大型の楽器へと姿を変えた。イングランドのブリンドリー&フォスター社（Brindley & Foster）がこれを請け負った。一九三二年、このオルガンはブラックホールのセント・コロンバ教会へ移設された。ニュー・グレイフライアーズは長らくオルガンを持たなかったが、一八八九年に一台のオルガンが教会に運ばれてきた。これは、一八六六年にグラスゴーのパーク教会に取り付けられたもので、デイヴィッド&トーマス・ハミルトンの作だった。その後パーク教会に、イングランドの高名な製作者ファーザー・ウィリス（'Father' Henry Willis）のオルガンが入ることになり、古いものがグレイフライアーズに譲られたのだ。一九〇一年にはオルガンは拡大され、改良が加えられた。

一九三〇年に、オールド・グレイフライアーズとニュー・グレイフライアーズの二つの教会は合同に至り、両者を隔てていた壁は取り払われた。これに合わせ、オルガンもロンドンのグレイ&デイヴィソン社（Gray & Davison）により作り直された。このときはオルガンの機構にも手

↑グレイフライアーズ教会の大オルガン
←チェンバー・オルガン

が入れられ、大きな改良が行われた。しかしこれも一九八五年ごろ、大規模な改造を行うか、新しいものを買うかしなければならなくなった。エディンバラの代表的な教会として、次なるオルガンがどのようなものであるべきかが慎重に協議された。製作者として選ばれたのは、イングランド・レスターシャーを拠点とするピーター・コリンズ社（Peter Collins）であった。こうして一九九〇年に取り付けられたのが、現在見られるものである。三段の手鍵盤と足鍵盤、四十八個のストップを備え、外観には五つの塔を持つ。演奏者の背中側にはリュックポジティフと呼ばれるパイプ群が設置され、音色に立体的効果を与えている。もっとも完成してめでたしめでたしではなく、その後もずいぶんいろいろと手を入れている。また、礼拝堂には小型のチェンバー・オルガンが置かれている。これはデイヴィッド・ハミルトン社が一八四五年ごろに製作したもので、エディンバラのオルガン工房としては大変古い作品といえる。おそらく誰かの個人所蔵だったものが、手から手へとわたり、最終的にエディンバラのルドルフ・シュタイナー学校にあったものを一九六八年に教会が買い上げた。二段鍵盤で、九個のストップを持っている。

●歴史的オルガン　その②セント・カスバート教会

さて、グレイフライアーズ教会をあとにして新市街の方向に歩いてみよう。北に向かうと新市街の中心、プリンシズ・ストリートに出る。この大通りとロジアン・ロードの交差するあたりに、二つの大きな教会がある。一つはスコットランド聖公会のセント・ジョン教会。こちらはさまざまなショップを併設していて、観光客にはおなじみである。その脇の石段を降りると、中心街の賑やかさとはうってかわった静寂がただよう墓地がある。小鳥のさえずりに耳を傾けながらぶらぶら歩いていくと、スコットランド国教会に属するセント・カスバート教会（Saint Cuthbert's Parish Church）の美しい建物が迎えてくれる。この土地で紀元七世紀、エディンバラ最古のキリスト者集会が行われていた。エディンバラのキリスト教黎明の地である。ここに今の会堂が建設されたのは一八九四年、まさにスコットランド国教会分裂騒動の只中であった。礼拝堂の中にたたずみ、イタリアン・ルネッサンス様式の天井を見上げ、ビザンツ式の装飾を持つ祭壇を前にすると、混乱の中でこの美が守られてきたことに感謝を禁じ得ない。ここに当時のイングランドを代表する革新的オルガン工房、ウィリアム・ヒル社のオルガンが導入された。

ヒル社のオルガンはしかし、小型であり、この大きな礼拝堂に対して十分とはいえなかった。一八九九年にはロバート・ホープ＝ジョーンズの、より大規模なものに取り換えられた。二十世紀の二つの世界大戦が収束したころ、教会のオルガニストはこのオルガンに大きな改修の必要を主張した。その後オルガンは何度も修復・改築され、手が加えられた。ロンドンのワルカー社（J.W.Walker & Sons）が長年にわたり、このプロジェクトに関わった。現在、四段手鍵盤とペダル、六十七ストップを擁するエディンバラ最大のオルガンとして、古典から現代音楽までをこ

エディンバラのキリスト教発祥の地にたたずむセント・カスバート教会

セント・カスバート教会のギャラリー・オルガン

セント・カスバート教会オルガンの演奏台。
ここで大小二つのオルガンを操ることができる

こに鳴り響かせている。この楽器の大きな特徴として、大小二つのオルガンを一つの演奏台で弾き分けることができる、という点が挙げられる。会衆席を見下ろすギャラリーにある大きなパイプ群と、聖壇近くに位置する小型のチャンセル・オルガンの二台を、一人のオルガニストが操るのである。

●大陸からやってきた近代的オルガン　セント・ジャイルズ大聖堂

歴史上重要な二つの教会の特徴あるオルガンを紹介したが、ここでやはり、エディンバラのロイヤル・マイルに位置し、スコットランド宗教改革の象徴的存在として知られるセント・ジャイルズ大聖堂（Saint Giles' Cathedral）についても触れておきたい。一五五九年から七二年までジョン・ノックスその人が牧師をつとめたこの教会には、宗教改革以降、当然のことながらオルガンなどあろうはずもなかった。それ以前にオルガンが存在したかは定かではない。いずれにしても、宗教改革期とその後に続いた革命を経て、この教会にオルガンが設置されたのは一八七八年のことであった。ダラムのハリソン&ハリソン社（Harrison & Harrison）が製作にあたった。この楽器は以後、主にイングランドの著名な製作者たちによって何度もの改修を施され、エディンバラのオルガン製作者アーサー・イングラム（Arthur Ingram）もそれに関わった。

一九三九年には、イングランドのオルガンビルダー一族、ヘンリー・ウィリス三世（Henry

セント・ジャイルズ大聖堂のオーストリア製オルガン

Willis Ⅲ）のオルガンが取り付けられた。この楽器が経年による限界を迎えたのが一九八二年である。教会は、ウィリス・オルガンに代わる楽器について協議を重ねた。最終的に、オーストリアのリーガー社（Rieger Orgelbau, Schwarzach）に発注することを決定した。完成したのは一九九二年である。セント・ジャイルズ大聖堂に足を踏み入れると、ギャラリー上にそびえ立つ赤く彩色されたオーストリア・オーク材のオルガン・ケースが目をひきつける。バロックから現代まで、広く対応できる近代的オルガンである。演奏台にはさまざまな先端的テクノロジーが導入され、さながらコックピットのような様相を呈している。

●ローマ・カトリック大聖堂に響き渡るオルガン　セント・メアリー・メトロポリタン大聖堂

これまでに挙げたオルガンは、いずれもスコットランド国教会の礼拝堂に設置されたものである。最後にローマ・カトリック教会を訪ねてみよう。エディンバラ新市街の中心部、クイーン・ストリートを東へ向かって歩き、ブロートン・ストリートとリース・ウォークの交わる交差点に出ると、パブ「コナン・ドイル」、その向かい側に映画館、劇場などがある人気スポットに至る。この交差点にたたずむ四つの塔を持つ大きな教会が、セント・メアリー・メトロポリタン大聖堂（Saint Mary's Metropolitan Cathedral）、別名セント・メアリー・ローマン・カトリック大聖堂

(Saint Mary's Roman Catholic Cathedral)である。スコットランドの教会の例に洩れず、スコティッシュ・ゴシック・スタイルの厳めしい外観だが、内部は柔らかな色彩の聖画がアーチを描く広々とした空間である。もともとは一八一四年、セント・メアリーズ・チャペルとして建てられた。

宗教改革以来、スコットランドのローマ・カトリック教会はいわばアンダーグラウンドのネットワークに支えられていた。一八七八年、ローマ・カトリック教会の立場が取り戻されたとき、このチャペルはセント・アンドルーズとエディンバラ大司教区の主教座聖堂となった。一八一四年の竣工時には、エディンバラのミュア・ウッド社(Muir, Wood & CO.)による小さなオルガンが取り付けられたが、聖堂の空間に対してあまりに小規模な楽器だったので、一八四〇年代には何度も拡大修復が行われ、一八六〇年にはエディンバラのデイヴィッド・ハミルトンによって大きく改修された。さらに一八九五年にはエディンバラのアーサー・イングラムが改修を行った。

一九三二年、新しいオルガンが購入された。アバディーンのアーネスト・ロートンという大変評判の良い製作者によるものであった。しかし、二段手鍵盤、十七ストップであり、これも小さすぎた。一九六二年にはリバプールのラッシュワース&ドレイパー社(Ruchworth & Dreaper Ltd.)という業者によって改修をほどこされた。

聖堂の広さにふさわしいオルガンがようやく導入されたのは二〇〇七年のことだった。キング

オルガン・ギャラリーから見たセント・メアリー・メトロポリタン大聖堂の聖壇

セント・メアリー・メトロポリタン大聖堂のオルガン演奏台

ストン・アポン・テームズのマシュー・コプリー・オルガンデザイン（Matthew Copley Organ Design of Kingston upon Thames）の製品である。三つの手鍵盤と六十三のストップを持つ楽器で、会堂全体を見渡せるギャラリーの上に取り付けられた。

このオルガンはフランス風の音色を備えている。低音が充実しており、十九世紀に絢爛な花を咲かせたフレンチ・シンフォニックのオルガン曲に良く合う。また、ギャラリーの演奏台とは別に移動式演奏台があり、聖壇側で演奏する場合にはこの移動式演奏台を用いることができる。私が見学に行った日は、ちょうどローマ教皇庁からなんらかの特使がこのカテドラルを訪れる、特別なミサにあたっていた。大聖堂オルガニストのサイモン・ニーミンスキ（Simon Nieminski）はロンドン生まれだが、二十世紀初頭に英国へやって来た日本人の血を引く青年である。彼は移動式の演奏台を用い、聖壇のそばで演奏した。親切なサイモンは私を自分のそばに座らせて、ローマの特使がよく見えるよう計らってくれた。ミサが終わり、後奏に彼はモーリス・デュリュフレの《アランの名によるフーガ》を弾いたが、突然「譜めくりしてくれる？」と言われて少し驚いた。もちろん喜んでその役目をつとめたが、たまたま私がいなかったらこの大曲を暗譜で弾くつもりだったのだろうか。おそらくは暗譜でも大丈夫なのだろう、と思わせられる素晴らしい演奏に圧倒され、幸せなミサであった。

7. スコットランドにおけるオルガン製作の状況

二十一世紀現在、スコットランドに何台のオルガンが存在するかを特定するのは簡単ではない。劣化して取り払われることがあり、また人々の教会離れが進む地域では、教会の建物が別の目的で使われるためオルガンが撤去、他の都市や国へ移されることも珍しくない。そのうえで二〇二〇年の資料をみると、おおよそ一四一五台が残存しているということである。ただし、その中には現在使われていないものも含まれている。

十九世紀から二十一世紀までにスコットランドのオルガン製作にかかわった約二百五十の工房のうち多くはイングランドの工房である。前項で紹介した二つの歴史的オルガンも、最終的にはイングランドの製作会社が請け負っている。スコットランドでも、最盛期には六十社ほどがオルガン製作・設置に尽力していた。しかしながら、イングランドを含めこれらのオルガン工房は、現在はすでに営業していないものが多い。オルガン職人の世界は後継者難を抱えている。志を立てた創業者が健闘しても、オルガン職人という特殊な職業に就こうとする若者を育てるのは難しく、結果として一代で閉じざるを得ない状況がある。二〇二二年現在、スコットランドで工房を構える製作会社は三社が確認されている。グラスゴーのマイケル・マクドナルド・オルガン・ビルダーズ（Michael Macdonald Organ Builders）、バーシックシャーのラマー・ミュア・パイプオルガンズ（Lammer Muir Pipe Organs）、ダルキースのフォース・パイプオルガン・ビルダーズ（Forth Pipe Organ Builders Ltd.）である。

演奏者に関しては、エディンバラ、グラスゴーを中心に若手から熟練者まで、厚い層を築いている。エディンバラ大学やグラスゴー大学は演奏者育成面でも高い水準を保っている。学生たちは大学礼拝や街の教会での奏楽で経験を積み、その後オルガニストとして活動しつつ、スコットランドの演奏者育成に関わっている。

Edinburgh

第五章

聖歌隊員のつとめ——オールド・セント・ポール教会にて

1. 教会を探す

教会音楽家にとって重要な場所は、当たり前のことだが教会である。渡航前から私は、この一年エディンバラの教会音楽活動にどっぷりと浸かり、スコットランドの人々と共に教会暦のひとめぐりを体験し、教会音楽の一翼を担おうと決心していた。日本での勤務校、桜美林大学で聖歌隊指揮者をつとめていたこともあり、指導法の学びを深め、レパートリーを広げる良い機会にもなると思った。リースの家に落ち着き、まずは客員研究員の窓口をつとめる教授に今後のことを相談したが、そのさい私の希望を述べ、良い教会を紹介してほしいとお願いした。エディンバラには、街の中心部の主だったものだけでも五十を超える教会がある。教授はその中でも立地の良い大きな教会を勧めてくださったが、じつはすでにその教会の礼拝に出たことがあり、少し不満があった。私の方にも条件はある。礼拝に違和感がないこと、そしてオルガンや聖歌隊のレベルが高いことが何より重要だった。件の教会はその両方の面で私の希望とは少々違っていた。

次の週、私はエディンバラ大学の音楽教員ジョン・キッチン博士（Dr. John Kitchen, MBE）が音楽ディレクターをつとめているオールド・セント・ポール教会（Old Saint Paul's Episcopal Church）に行ってみた。そして、ああ、ここだ、と感じた。さっそく客員研究員窓口の教授にそのことを伝え、オールド・セント・ポール教会の聖歌隊に入りたい旨を報告した。教授はこんな風に答えた。「あそこはとても厳格なハイ・チャーチだけど良いかしら?」。ハイ・チャーチとは、大まかの解釈では伝統的な典礼や儀式、形式を尊重する教会をいう。プロテスタントの中でもローマ・カトリックの要素を残し、ローマ・カトリック教会が守ってきた形式を遵守している教派を指すようだ。対照的な言い方としてロウ・チャーチがあり、これはどちらかというと近代化され、福音主義的な道を歩む教会を総称する。しかし、教派としてハイ・チャーチ、ロウ・チャーチと組織的に分かれているわけではないので、便宜的な名称といえる。教授が言いたかったのは、私がプロテスタントであることを知ったうえで、「カトリック的厳格な典礼様式だけど抵抗はない?」という意味だった。私自身、教派にはこだわりがなかった。むしろ格調高い厳粛な典礼を実施する教会に身を置き、キリスト教の儀式が持つ意味と儀式における音楽の使われ方を体験的に学びたいという気持ちがあり、ハイ・チャーチはむしろ向いているだろうと考えた。教授にキッチン博士の連絡先を教えてもらい、アポイントを取ってアリソン・ハウスの研究室の扉を叩いたのは、その翌週のことだった。キッチン博士は快活な初老の紳士で、にこやかに私の希望を聞いてくれた。「毎回歌う曲数が多いので、初見が利くことが大事です。ちょっとこれを歌ってみてください」と、その場でラテン語聖歌の初見能力テストをした。その結果「ソプラノを歌ってください。今週木曜日の練習からお願いします」と言ってくださった。無事入隊が決まった。

2. オールド・セント・ポール教会の音楽

●教会の成り立ち

オールド・セント・ポール教会はスコットランドのプロテスタントのうちでも少数派の、スコットランド聖公会に属する。最大宗派を誇るスコットランド国教会とは異なる流れを汲む。聖公会（Anglican）はイングランド国教会（Church of England）をはじめとするアングロ・カトリックに属し、ローマ教皇庁とは関わりのないプロテスタントではあるが、ローマ・カトリック教会が古来より継承してきたキリスト教の儀式、教義を重要視し、守っていこうとする点がスコットランド国教会とは大きく違う。第四章で扱ったオルガン史の上でも、法的に禁じられていたオルガンを導入するのに最も積極的だったのはスコットランド聖公会であった。

オールド・セント・ポール教会そのものは一六八九年、スコットランド国教会の牙城セント・ジャイルズ大聖堂から分離した人々によって創設された歴史をもつ。率いたのはセント・ジャイルズの聖職者アレクサンダー・ローズ（Alexander Rose, 1647–1720）であった。かれらは旧市

オールド・セント・ポール教会の外壁。一見近寄りがたい厳めしさを感じる

街にひそむ路地の一つ、カラバーズ・クローズの毛織物屋に間借りし、礼拝を行った。これがエディンバラでは最初の聖公会の教会であり、このころは「セント・ポール教会」と称していた。名誉革命後、カトリックのジェイムズ二世は王座を追われ、スコットランド国教会のプロテスタント体制は確立されていたが、ジェイムズの直系を復興させようとするジャコバイトの乱がおこったとき、スコットランド聖公会はこれに加担する側であった。このため、ジャコバイトの乱が鎮静化されたあともスコットランド聖公会は国家に警戒され、厳しい監視のもとにおかれた。

やがてセント・ポールの会衆たちは毛織物屋を追われ、近くの石造りの建物を集会の場とする。それに続く数十年、セント・ポール教会は没落と再興を繰り返した。旧市街にはスコットランド国教会の新しい教会がいくつも建てられ、それに反比例するかのようにセント・ポール教会は衰え、荒廃していった。そしてついに一八七三年、公式に閉鎖が伝えられた。しかし幾人かの牧師たちが教会を支え、信仰の灯は細く燃え続けた。

一八七八年、この宿なき教会にデイヴィッド・スマート牧師が着任した。彼はカラバーズ・クローズとジェフリー・ストリートの交差する場所に土地を確保し、ここに新しい会堂を建設することを提案した。このころには他にも「セント・ポール」を名乗る教会ができたことから、「オールド・セント・ポール」と改称することになった。一八八三年の終わりにスマート牧師は引退したが、そのときには新会堂建設の第一段階が完了していた。閉鎖の憂き目から十年、スマート牧師と信徒たちの努力が実を結んだ。教会堂は英国ゴシック風のスタイルでデザインされ、一八八四年には完成する。そのあと改修工事は加えられたが、基本的にこの建物が現在のオールド・セント・ポール教会である。

入口の重い扉を開くと、「カルバリの階段」と呼ばれる三十三段の階段が礼拝堂に続いている。この三十三は十字架上で亡くなったときのイエス・キリストの年齢である。教会に入ろうとする私たちの心をキリストに向け、一段一段踏みしめて階段を登りながら、キリストのこの世での生涯を思い起こすよう促している。

●朝の荘厳ミサ――ミサ通常文と儀式の進行

さて、二〇一一年秋に私が入隊したとき、聖歌隊員は約二十名だった。ソプラノ、アルト、テノール、バスの四声部がそれぞれIとIIに分かれ、八声部の歌を歌える構成になっている。多くは社会人でさまざまな職業の人がいたが、かれらのほとんどがクワイヤ・スカラー、オルガン・スカラーとして学生時代を過ごした人々であり、エディンバラ大学の現役生も加わっている。指揮者ジョン・キッチン博士は、教会の音楽監督、オルガニストであるとともに、エディンバラ大学教員、エディンバラ大学シンガーズ指揮者をつとめ、エディンバラ最大の音楽ホールであるアッシャー・ホールのオルガニスト、コーディネーターとしてエディンバラの音楽の顔ともいえ

オールド・セント・ポール教会の祭壇。若草模様の鉄柵で囲まれ、右手には英国によく見られる、彩色をほどこされたオルガン・パイプがある

る働きをしている。英国王室により叙勲されたMBEであり、オルガンだけでなく鍵盤楽器全般に優れ、楽器の構造的・歴史的造詣も深い。セント・セシリア・ホールの所蔵する楽器の管理責任者でもある。

聖歌隊員の責務は日曜の朝の聖餐式（荘厳ミサ。High Mass）と夜の音楽夕礼拝（Solemn Evensong）で歌うこと、それに加えて木曜の夜七時三十分から九時まで行われる練習に出席することである。まず木曜日の練習に出向いた。教会の練習室に行くと、グランドピアノの上に次の日曜日の朝と夜に歌う楽譜が積まれている。これを一時間半で仕上げてしまうのか？と驚く。荘厳ミサで歌うのは五曲ほどの賛美歌、ミサ曲、アンセム一曲である。賛美歌は教会に集まった会衆と共に歌うが、聖歌隊は全体をリードしなければならない。

ミサ曲は典礼において最も重要な役割を持っている。ミサとは新約聖書に記されている最後の晩餐で、イエス・キリストが弟子たちにパンと葡萄酒を分かち与えたことから発する儀式である。キリスト教がローマ帝国の国教となり、ローマ教皇庁が典礼の形式や祈りの言葉を整えていったとき、「ミサ通常文」という祈祷の一組を制定した。以下の五つの祈りである。

1. Kyrie（あわれみの賛歌）

Kyrie eleison　　　　主よ、あわれみたまえ

Christe eleison
Kyrie eleison

キリスト、あわれみたまえ
主よ、あわれみたまえ

2. Gloria（栄光の賛歌）

Gloria in excelsis Deo
Et in terra pax hominibus bonae voluntatis.
Laudamus te. Benedicimus te.
Adoramus te. Glorificamus te.
Gratias agimus tibi propter magnam
gloriam tuam.
Domine Deus, Rex coelestis.
Deus pater omnipotens.
Domine Fili unigenite, Jesu Christe :
Domine Deus, Agnus Dei, Filius Patris.
Qui tollis peccata mundi,
miserere nobis.

天のいと高きところには神に栄光。
地には善意の人に平和あれ。
われら主をほめ、主をたたえ、
主をおがみ、主をあがめ、
主の大いなる栄光のゆえに
感謝し奉る。
神なる主、天の王、
全能の父なる神よ。
主なる御ひとり子、イエス・キリストよ。
神なる主、神の子羊、父の御子よ、
世の罪を除きたもう主よ、
われらをあわれみたまえ。

Qui tollis peccata mundi,
suscipe deprecationem nostram.
Qui sedes ad dexteram Patris,
miserere nobis.
Quoniam to solus Sanctus,
tu solus Dominus,
tu solus Altissimus, Jesu Christe.
Cum Sancto Spiritu in gloria Dei Patris.
Amen

世の罪を除きたもう主よ、
われらの願いを聞き入れたまえ。
父の右に座したもう主よ、
われらをあわれみたまえ。
主のみ聖なり、
主のみ王なり。
主のみいと高し、イエス・キリストよ。
聖霊と共に、父なる神の栄光のうちに。
アーメン。

3. **Credo**（信仰宣言）

Credo in unum Deum, patrem omnipotentem.
factorem Caeli et terrae
visibilium omnium et invisibilium
Et in unum Dominum Jesum Christum

わたしは信じます、唯一の神、全能の父
天と地、見えるもの、見えないもの、
すべてのものの造り主を。
わたしは信じます、唯一の主、イエス・キ
リストを。

Filium Dei unigenitum
Et ex patre natum ante omnia saecla.
Deum de Deo, lumen de lumine,
Deum verum de Deo vero.
Genitum, non factum, consubstantialem Patri :
per quem omnia facta sunt.
Qui propter nos homines et propter
nostram salutem descendit de caelis.
Et incarnatus est de Spiritu Sancto
ex Maria Virgine :
et homo factus est.
Crucifixus etiam pro nobis :
sub Pontio Pilato
passus, et sepultus est.
Et resurrexit tertia die,
secundum Scripturas.

主は神のひとり子、
すべてに先立って父より生まれ、
神よりの神、光よりの光、
まことの神よりのまことの神。
造られることなく生まれ、父と一体。
すべては主によって造られました。
主は、わたしたち人類のため、
わたしたちの救いのために、
天からくだり、聖霊によって、
おとめマリアより
からだを受け、人となられました。
ポンティオ・ピラトのもとで、
わたしたちのために十字架につけられ、
苦しみをうけ、葬られ、
聖書にあるとおり
三日目に復活し、

Et ascendit in caelum :
sedet ad dexteram Patris.
Et iterum venturus est cum gloria.
judicare vivos et mortuos :
cujus regni non erit finis.
Et in Spiritum Sanctum,
Dominum et vivificantem :
qui ex Patre Filioque procedit.
Qui cum Patre et Filio simul
adoratur et conglorificatur :
qui locutus est
per Prophetas.
Et unam sanctam catholicam
et apostolicam Ecclesiam.
Confiteor unum baptisma
in remissionem peccatorum

天に昇り
父の右の座に着いておられます。
主は生者と死者を裁くために
栄光のうちに再び来られます。
その国は終わることがありません。
わたしは信じます、
主であり、いのちの与え主である聖霊を。
聖霊は父と子から出て、
父と子とともに
礼拝され、栄光を受け、
また預言者をとおして
語られました。
わたしは聖なる、普遍の、使徒的、唯一の
教会を信じます。
罪のゆるしをもたらす
唯一の洗礼を認め、

Et expecto resurrectionem mortuorum,
et vitam venturi saecli, Amen.

死者の復活と
来世のいのちを待ち望みます。アーメン。

4. Sanctus（感謝の賛歌）

Sanctus, Sanctus, Sanctus
Dominus Deus Sabaoth :
Pleni sunt Caeli et terra gloria tua.
Hosanna in excelsis.
Benedictus qui venit
in nomine Domini :
Hosanna in excelsis.

聖なるかな、聖なるかな、聖なるかな
万軍の神なる主。
主の栄光は天地に満つ。
天のいと高きところにホザンナ。
ほむべきかな、
主の名によりて来たる者。
天のいと高きところにホザンナ。

5. Agnus Dei（平和の賛歌）

Agnus Dei, qui tollis peccata mundi.
miserere nobis.
Agnus Dei, qui tollis peccata mundi,

神の子羊、世の罪を除きたもう主よ、
われらをあわれみたまえ。
神の子羊、世の罪を除きたもう主よ、

dona nobis pacem.

われらに平安を与えたまえ。

（日本カトリック典礼委員会『ミサの式次第』より）

この「ミサ通常文」は、Kyrieがギリシャ語、その他はラテン語で書かれ、本来は単旋律で修道士が唱えるものだったが、のちに多くの作曲家が曲をつけた。早いものではギョーム・ド・マショー（Guillaume de Machaut, 1300頃–1377）の《ノートルダムミサ曲》（Messe de Nostre Dame）がある。ほかにバッハ（Johann Sebastian Bach, 1685–1750）の《ロ短調ミサ曲》（Messe in h-moll, BWV232）、モーツァルト（Wolfgang Amadeus Mozart, 1756–1791）の《ハ短調ミサ曲》（Messe in c-moll K.427）など、教会での素朴な祈りの言葉は時代を追うごとに大規模な芸術作品へと進化を遂げている。オールド・セント・ポール教会では、じつにバラエティに富む作曲家によるミサ曲を歌った。本章の末尾に掲載した楽曲リストの表1を参照ねがいたい。

アンセムは、イングランド宗教改革にともなって登場した英語の合唱音楽である。一五三四年、当時の国王ヘンリー八世はローマ教皇庁との絶縁を宣言し、イングランド国教会（「英国国教会」という言い方があるが、これは正確な名称とはいえない。同じ「英国」でもイングランド国教会とスコットランド国教会はまったく異なる宗派であり、区別すべきである）を成立させる。イングランドはプロテスタント国となり、礼拝音楽に英語が用いられるようになる。その後ヘンリーの娘であるメアリー一世が即位したが、彼女が厳格なカトリック教徒であったため、イングランドはローマ教皇庁との繋がりを回復し、ラテン語による典礼を復活させた。しかしエリザベス一世の治世に至り、再度ローマとの関係は断たれ、ヘンリーの遺志を継いでイングランド国教会が今日につながる伝統を確立した。イングランド国教会では特にエリザベス一世の治世以来、多くの作曲家がアンセムを作った。このアンセムの伝統が、スコットランド聖公会にも生かされているのである。

アンセムには大きく分けてフル・アンセムとヴァース・アンセムの二種類がある。フル・アンセムは無伴奏で、八声部など多くのパートに分かれた聖歌隊によって歌われる。ヴァース・アンセムはオルガンをはじめとする楽器伴奏を伴い、独唱を交えることもある。荘厳ミサの中で最も華やかな部分であり、音楽の楽しみがここに表れている。オールド・セント・ポール教会では英語のアンセムのほか、ラテン語、フランス語の宗教曲が使われた。高校と大学の第二外国語でフランス語をかじっておいたのが大いに幸いした。

荘厳ミサは、各主日の趣旨により変動はあるが、おおむね次のように進められる。

オルガン即興演奏

【典礼への招き】

聖歌隊による入祭唱
聖歌隊入場（賛美歌を歌いながらのプロセッション）
聖歌隊によるミサ曲（Kyrie eleison）奉唱
聖歌隊によるミサ曲（Gloria in excelsis Deo）または会衆と共に英語のグローリア奉唱
祈祷

【言葉の典礼】

聖書朗読
詩編朗誦
聖書朗読
会衆賛美
福音書朗読
聖歌隊によるアンセム奉唱
説教
聖歌隊によるミサ曲（Credo）または会衆と共に英語の信仰告白（Creed）奉唱

祈祷

【聖なる儀式の典礼】

平和の挨拶
会衆賛美
聖歌隊によるミサ曲（Sanctus）奉唱
主の祈り
聖餐式
聖歌隊によるミサ曲（Agnus Dei）奉唱
献金の会衆賛美
聖餐式の会衆賛美
閉会の会衆賛美　聖歌隊退場
オルガンによる後奏

日曜日は朝十時に集合し、聖歌隊用の赤いカソックと白いサープリスに着替えて待機する。十時半になると礼拝堂後方に並び、オルガンの静かな即興演奏に導かれ、入祭唱を歌う。続いてその日の入堂賛美歌を歌いながら行進する。両手にいっぱいの楽譜や賛美歌集を抱え、落とさないよう注意しながら歌いつつ歩む。そして礼拝堂前方の聖歌隊席につき、ミサ曲のKyrieを歌う。続くGloriaとCredoは、会衆と共に英語で歌うことも多い。その場合、マーティン・ショウ（Martin Shaw, 1875–1958）作曲による《An Anglican Folk Mass》を使用する。これはコンパクトな英訳ミサ曲で、民謡風の素朴な旋律を持っており、おそらくは日本人の感性にも合っている。私もこのミサ曲には惹きつけられた。会衆も美しい旋律を楽しんで歌う。

ミサを締めくくるオルガン後奏は、キッチン博士によって大曲が演奏される。会衆はそれを知っていて、心躍らせながら待ち構えており、演奏が終わると盛大に拍手する。礼拝式の後奏に拍手をする習慣にはあまりお目にかかれない。厳粛なミサを守るとともに音楽を楽しむこの教会の信徒のありかたは、自然で好もしく思えた。

十二時前に聖餐式が終わり解散するが、夕方五時四十五分には再び教会に戻る。六時半から音楽夕礼拝である。

●夕べの音楽礼拝――詩編唱とカンティクルズ

夕べの音楽礼拝で歌われるのは、詩編歌、カンティクルズ（マリアの歌とシメオンの歌のセット）、アンセム一曲、そして賛美歌二曲である。音楽礼拝はだいたい以下のようなプログラムになっている。

聖歌隊によるレスポンス
聖歌隊による詩編歌唱（アングリカン・チャント）
聖書朗読
会衆賛美
聖歌隊によるカンティクルズ（マリアの賛歌）
福音書朗読
聖歌隊によるカンティクルズ（シメオンの賛歌）
祈祷
聖歌隊によるアンセム
会衆賛美

朝のミサと違い、聖歌隊ははじめから聖歌隊席についている。レスポンスは司祭の呼びかけに対する答唱であり、単旋律のものもあれば多声部（多くは四声体）のものもある。これに続く詩編歌唱は、多くの場合アングリカン・チャントといわれる四声体のものを用いる。先に説明したように、宗教改革以来スコットランド国教会で許された歌唱は、無伴奏で単旋律の詩編朗誦のみであった。これに対して聖公会で用いられる詩編歌はハーモニーを持つ。もともと詩編歌は散文詩に旋律をつけたものであるが、和声づけをして歌うためには、言葉の抑揚という横のラインとハーモニーという縦のラインがきちんと構築されていなければならない。アングリカン・チャントは普通七小節を基本に構成され、これを二つ重ねた十四小節を詩編の一行にあてはめる。同じハーモニーの中で語る部分と、足並みそろえて和声を移動させる部分があり、英語を母語としない私はこのチャントを歌いこなすのにかなりの勉強を必要とした。いっぽう、コツを覚えてしまえば気持ちよくハーモニーを楽しめることもわかった。

音楽礼拝の中心を成すのはカンティクルズ（canticles）と呼ばれる賛歌である。オールド・セント・ポール教会で歌われたカンティクルズは「マリアの賛歌」（Magnificat）と「シメオンの賛歌」（Nunc Dimitis）のセットであった。「マリアの賛歌」は新約聖書、ルカによる福音書一章四十六節から五十五節に記されている。マリアはナザレの村に住む少女で、ヨゼフという青年と婚約していたが、聖霊によって男児をみごもることを天使から告げられる。初めはとまどってたマリアだが、神の意志を受け入れる。そして親類の女性エリザベトのもとを訪れる。エリザベトは高齢で、子を産めない女といわれていたが神によって懐妊していた。二人の女性が挨拶をすると、胎内の子は躍った。感動したマリアは歌う。

わたしの魂は主をあがめ
わたしの霊は救い主である神を喜びたたえます。
身分の低い、この主のはしためにも目を留めてくださったからです。
今から後、いつの世の人もわたしを幸いな者と言うでしょう。
力ある方が、わたしに偉大なことをなさいましたから。
その御名は尊く、
その憐みは代々に限りなく、
主を畏れる者に及びます。
主はその腕で力を振るい、
思い上がる者を打ち散らし、
権力ある者をその座から引き降ろし、
身分の低い者を高く上げ、
飢えた人を良い物で満たし、
富める者を空腹のまま追い帰されます。
その僕イスラエルを受け入れて、
憐れみをお忘れになりません。

わたしたちの先祖におっしゃったとおり、
アブラハムとその子孫に対してとこしえに。

ミサ曲同様、「マリアの賛歌」にも後世、多くの作曲家が曲をつけている。最も有名なのはヨハン・セバスティアン・バッハの《マニフィカト》(Magnificat BWV243) であろう。オールド・セント・ポール教会では英国の作曲家によるものが歌われた。楽曲リスト、表4を参照されたい。

さて、イエスが誕生して定められた期間が過ぎたのち、ヨゼフとマリアの夫婦は幼子イエスを伴ってエルサレムへ行く。ユダヤ教の律法にしたがい、長男としてのイエスを神に捧げる儀式をするためである。彼らが神殿に入って儀式をしていると、シメオンという信仰篤い人がそばに来た。彼は神がつかわす救い主に会うまでは決して死なない、というお告げを受けていた。イエスを両手に抱いて、彼は次のように歌った。

主よ、今こそあなたは、お言葉どおり
この僕を安らかに去らせてくださいませ。
わたしはこの目であなたの救いを見たからです。
これは万民のために整えてくださった救いで、

異邦人を照らす啓示の光、
あなたの民イスラエルの誉れです。

これがルカによる福音書二章二十九節から三十二節に著された「シメオンの賛歌」で、「マリアの賛歌」のあと福音書朗読を挟んで歌われる。

●ターム・エンドの音楽パーティー

オールド・セント・ポール教会聖歌隊の一年間は、以上のようなルーティーンを走り抜ける時間であった。クリスマスやイースター、その他さまざまな教会祝日の特別なミサでは、二十曲近く歌うこともあった。ＢＢＣラジオ放送のための録音、また、エディンバラ国際フェスティバル・フリンジへの参加もこなした。葬儀のミサ奉唱のように、突発的に入って来る仕事もあった。体力、集中力を要し、かなりのハードワークだったが、得難い経験だった。痛感したのはまず、レベルの高さである。かれらは幼少時から積み重ねた教会生活の体験を土台として持っており、楽しげにこの重い責務を果たしている。教養の幅と深みがその音楽的技術を支えている。さらに指揮者キッチン博士のエネルギーとユーモア、職務に対する姿勢は、教師としての私に大きな影響を与えてくれた。教会、大学、そして市における彼の仕事量は膨大である。年間を通し、博士は常に変わらず誠実に、着実にそれらの仕事をこなしていた。聖歌隊の練習にはだれよりも早く現れ、楽譜の準備をする。彼の大きな人格は聖歌隊員の尊敬を集めていた。

六月末のターム・エンドに、博士は聖歌隊員と教会の司祭たちを自宅へ招き、持ち寄りパーティーを開いてくれた。彼の自宅は二階建てで、グラウンドフロアはパーティー会場として使用できるリビングルームである。そこにはパイプオルガンが据えられ、二台のハープシコードが置かれている。階段を上ると居住空間があり、寝室や書斎まで見学させていただいた。パーティーは賑やかに進み、やがて隠し芸大会になる。これも英国人の好きな流れで、聖歌隊員が自慢の喉を披露する。バッハやヘンデルの本格的なアリアを歌う者あり、ポップスを歌う者あり。エディンバラ大学理工学部一年生の青年は、優秀なテノールであったが、ジャケットを小粋に肩にかけ、オールディーズを歌って拍手喝さいを受けた。ボーイソプラノの少年はオルガンでジャズを一生懸命弾く。このパーティーはその後進化して、今では定期的にホーム・コンサートを開催しているという。さぞや楽しい会になっていることだろう。

その楽しさが忘れられず、私は帰国後、桜美林大学の聖歌隊員を自宅に招いてのクリスマス・パーティーを毎年開いた。二十名以上が我が家の狭いリビングに集まり、大いに食べ、大いに歌う。学生たちは《メサイア》のアリアから、たとえば〈Rejoice〉をバスの学生が、〈Why do the nations〉をソプラノの学生が、というふうに自分の声域ではないものに挑戦したり、ミュージカル・ナンバーをデュエットしたり、ピアノの腕前を披露したり、自作の音楽入り紙芝居を上演したりしてくれた。

●二〇一一年十月〜二〇一二年九月の楽曲リスト

後掲の表1〜4は、この一年間に歌った曲である（記録洩れしているものもあり、全てではない）。聖歌隊指導者をつとめるかたがたには、レパートリーの候補として参考にしていただけるのではないかと考えて掲載した。

これだけの量を勉強し、ミサで歌ったことは、私にとってどのような教育機関でも得られない貴重な財産である。既に知っていた作品もいくつかはあるが、ほとんどは初めて出会う曲で、入隊前に「初見がきくことが大切」と言われたのもよくわかる。ミサもアンセムもトマス・タリス（Thomas Tallis, 1505頃–1585）やオルランド・ディ・ラッソ（Orlando di Lasso, 1532–1594）、ウィリアム・バード（William Byrd, 1543–1623）のような古いものから現代曲まで幅広いが、英国の聖歌隊は自国の現代曲を多く取り入れる傾向があるようだ。「優れた聖歌隊に入って一年間の教会暦を過ごし、指導法を学び、レパートリーを広げる」という目的は十分に達成できた。オールド・セント・ポール教会の聖歌隊に感謝している。

表 1. 聖餐式（荘厳ミサ）のミサ曲

作曲者など	曲名	教会暦
M.デュリュフレ (Maurice Duruflé)	Mass《Cum Jubilo》	聖霊降臨後第16主日
N.ジャクソン (Nicholas Jackson)	Missa Brevis	聖霊降臨後第17主日
パレストリーナ (Giovanni da Palestrina)	Aeterna Christi munera	聖霊降臨後第18主日
A.ガブリエリ (Andrea Gabrieli)	Mass in F	聖霊降臨後第19主日
W.A.モーツァルト (Wolfgang Amadeus Mozart)	Coronation Mass	諸聖徒の日
単旋聖歌	Plainsong	万霊節
H.ハウェルズ (Herbert Howells)	Cllegium regale	聖霊降臨後第21主日
T.タリス (Thomas Tallis)	Missa brevis	聖霊降臨後第22主日
W.A.モーツァルト (Wolfgang Amadeus Mozart)	Spatzenmesse	王なるキリスト
W.バード (William Byrd)	Mass for four voices	アドヴェント第1、2主日
L.バークリー (Lennox Berkeley)	Missa brevis	アドヴェント第3主日
不詳	Missa de Angelis	アドヴェント第4主日
G.マルコム (George Malcom)	Missa ad praesepe	クリスマス・イブ
単旋聖歌	Plainsong	クリスマス
J.マーベック (John Merbecke)	Plainsong	元日（イエスの命名）
N.ジャクソン (Nicholas Jackson)	Mass in G	主の公現日（エピファニー）
G.マルコム (George Malcom)	Missa ad Praesepe	公現後第2主日

H.ダーク (Harold Darke)	Missa in F	公現後第3主日
C.M.ヴィドール (Charles Marie Widor)	Messe Op.36	使徒パウロの回心記念日
パレストリーナ (Giovanni da Palestrina)	Missa Aeterna Christi munera	聖燭祭
C.スタンフォード (Charles Stanford)	Communion Servis in C	公現後第6主日
W.A.モーツァルト (Wolfgang Amadeus Mozart)	Missa Brevis in F	レント前の主日
W.バード (William Byrd)	Mass for four voices	灰の水曜日
単旋聖歌	Missa de Angelis	レント第1主日
B.デイビス (Bruce Davis)	Missa Brevis	レント第2主日
W.バード (William Byrd)	Mass for three voices	レント第3主日
H.L.ハスラー (Hans Leo Hassler)	Missa Secunda	レント第4主日
リスト=ヤナチェック (F. Liszt=Janácek)	Mass in B Flat	レント第5主日
単旋聖歌	Orbis factor	棕櫚の主日
T.タリス (Thomas Tallis)	Missa Brevis	洗足木曜日
T.L.デ・ヴィクトリア (Thomas Louis de Victoria)	Passion according to St. John	受難金曜日
W.A.モーツァルト (Wolfgang Amadeus Mozart)	Coronation Mass	復活日(イースター)早朝
C.M.ヴィドール (Charles Marie Widor)	Messe Op. 36 with Gloria	復活日(イースター)荘厳ミサ
H.ダーク (Harold Darke)	Mass in E minor	復活節第2主日
J.ハイドン (Joseph Haydn)	Missa Brevis in F	復活節第3主日

N,ジャクソン (Nicholas Jackson)	Mass in G	復活節第4主日
C.スタンフォード (Charles Stanford)	Communion service in C	復活節第5主日
H.ハウェルズ (Herbert Howells)	Collegium regale	復活節第6主日
W.A.モーツァルト (Wolfgang Amadeus Mozart)	Spatzenmasse	主の昇天
N.ジャクソン (Nicholas Jackson)	Missa Brevis	昇天後の主日
O.ディ・ラッソ (Orlando di Lasso)	Missa Bell amfitrit altera	聖霊降臨日 (ペンテコステ)
パレストリーナ (Giovanni da Palestrina)	Aeterna Christi munera	三位一体主日
W.A.モーツァルト (Wolfgang Amadeus Mozart)	Missa Brevis in F	キリストの体の祝日
H.サムシオン (Herbert Sumsion)	Mass in F	聖霊降臨後第2主日
G.オルドロイド (George Oldroyd)	Mass of the Quiet Hour	聖霊降臨後第3主日
R.ヴォーン・ウィリアムズ (Ralph Vaughan Williams)	Mass in G minor	聖霊降臨後第4主日
O.ディ・ラッソ (Orlando di Lasso)	Missa Bell' amfitrit altera	使徒ペテロとパウロの祝日
H.ダーク (Herbert Darke)	Mass in F	聖霊降臨後第10主日
O.ディ・ラッソ (Orlando di Lasso)	Missa Bell' amfitrit altera	聖母マリアの祝日
R.モネル (Raymond Monell)	Missa Brevis (オーケストラ付)	聖霊降臨後第12主日
L.ヴィエルヌ (Louis Vierne)	Missa Solennelle	聖霊降臨後第13主日

表 2. 聖餐式（荘厳ミサ）のための奉献アンセム

作曲者など	曲名	教会暦
G.フォーレ (Gabriel Fauré)	Ave verum corpus	聖霊降臨後 第16主日
F.メンデルスゾーン (Felix Mendelsshon)	I waited for the Lord	聖霊降臨後 第17主日
W.バード (William Byrd)	Prevent us, O Lord	聖霊降臨後 第18主日
A.ブルックナー (Anton Bruckner)	Locus iste	聖霊降臨後 第19主日
K.レイトン (Kenneth Leighton)	Offertory from sequence for All Saints	諸聖徒の日
A.ゼーダーマン (August Söderman)	Domine Jesu Christe Rex	万霊節
H,ルーズモア (Henry Loosemore)	O Lord, increase our faith	聖霊降臨後 第21主日
J.キッチン (John Kitchen)	Still	聖霊降臨後 第22主日
C.スタンフォード (Charles Stanford)	Te Deum in B flat	王なるキリスト
Mアーチャー (Malcom Archer)	Creator of the stars of night	アドヴェント 第1主日
F,ゲレーロ (Francisco Guerrero)	Canite tuba	アドヴェント 第2主日
O.ギボンズ (Orlando Gibbons)	This is the record of John	アドヴェント 第3主日
A.カーター編曲 arr, Andrew Carter	Angelus ad virginem	アドヴェント 第4主日
A.アダン (Adolph Adam)	O holy night	クリスマス・イブ
フランス古謡 Trad. French	Quelle est cette odeur agr'eable?	クリスマス
B.ブリテン (Benjamin Britten)	A New Year Carol	新年（イエスの命名）
17世紀スコットランド曲	Ecce novum gaudium	主の公現日（エピファニー）

R.R.ベネット (Richard Rodney Bennett)	What sweetest music	公現節第2主日
G.アイヴズ (Grayston Ives)	Listen, sweet dove	公現節第3主日
S.キャンベル (Sidney Cambell)	Sing we merrily	使徒パウロの回心記念日
W.バード (William Byrd)	Senex puerum portabat	聖燭祭
O.ギボンズ (Orlando Gibbons)	Almighty and everlasting God	公現節第6主日
R.シェパード (Richard Shephard)	Jesu, dulcis memoria	レント前の主日
G.アレグリ (Gregorio Allegri)	Miserere	灰の水曜日
R.ロイド (Richard Lloyd)	View me, Lord	レント第1主日
C.タイ (Christopher Tye)	Give almes of thy goods	レント第2主日
G.フォーレ (Gabriel Fauré)	Ave verum corpus	レント第3主日
M.ダルビー (Martin Dalby)	Mater saltaris	レント第4主日
T.タリス (Thomas Tallis)	Salvator mundi	レント第5主日
G.ブージニャク (Guillaume Bouzignac)	Ecce homo attrib.	棕櫚の主日
J.キッチン (John Kitchen)	Now the green blade riseth	復活日(イースター)早朝
W.バード (William Byrd)	Haec dies	復活日(イースター)荘厳ミサ
E.エルガー (Edward Elgar)	Ave verum corpus	復活節第2主日
C.スタンフォード (Charles Stanford)	Ye choirs of new Jerusalem	復活節第3主日
C.スタンフォード (Charles Stanford)	The Lord is my shepherd	復活節第4主日

W.バード (William Byrd)	Cibavit eos	復活節第5主日
M.デュリュフレ (Maurice Duruflé)	Ubi caritas et amor	復活節第6主日
O.ギボンズ (Orlando Gibbons)	O clap your hands	復活節第7主日
J.ハイドン (Joseph Haydn)	Achieved is the glorious work	主の昇天
J.キッチン (John Kitchen)	Lord, by thy spirit	聖霊降臨日(ペンテコステ)
F.メンデルスゾーン (Felix Mendelssohn)	Heilig, heilig	三位一体主日
P.ヴィレット (Pierre Villette)	Panis angelicus	キリストの体の祝日
W.バード (William Byrd)	Teach me, O Lord	聖霊降臨後第2主日
E.ポストン (Elizabeth Poston)	Jesus Christ, the apple tree	聖霊降臨後第3主日
E.ベアストウ (Edward Bairstow)	Let all mortal flesh keep silence	聖霊降臨後第4主日
W.マサイアス (William Mathias)	Let the people praise thee, O God	使徒ペテロとパウロの祝日
E.エルガー (Edward Elgar)	Ave verum corpus	聖霊降臨後第10主日
P.ヴィレット (Pierre Villette)	Hymne à la vierge	聖母マリアの祝日
W.A.モーツァルト (Wolfgang Amadeus Mozart)	Laudate Dominum	聖霊降臨後第12主日
P.ヴィレット (Pierre Villette)	Panis angelicus	聖霊降臨後第13主日
T.タリス (Thomas Tallis)	If ye love me	聖霊降臨後第14主日

表 3. 音楽夕礼拝のアンセム

作曲者など	曲名	備考
H.パリー (Hubert Parry)	My soul, there is a country	聖霊降臨後第16主日
I.クイン (Ian Quinn)	Adoremus in aeternum	聖霊降臨後第17主日
J.アイアランド (John Ireland)	Greater love hath no man	聖霊降臨後第18主日
O.メシアン (Olivier Messiaen)	O Sacrum convivium	聖霊降臨後第19主日
K.レイトン (Kenneth Leighton)	Gaudeamus (from sequence for All Saints)	諸聖徒の日
H.パーセル (Henry Purcell)	Thy word is a lantern	聖霊降臨後第21主日
E.エルガー (Edward Elgar)	Give unto the Lord	聖霊降臨後第22主日
C.ウッド (Charles Wood)	Hail, gladdening light	王なるキリスト
【アドヴェント音楽礼拝】	Advent Carol Service	アドヴェント第1主日
E.J.モーラン (Ernest. J. Moeran)	Blessed are those servants	アドヴェント第2主日
R.ヴォーン・ウィリアムズ (Ralph Vaughan Williams)	This is the truth sent from above	アドヴェント第3主日
【クリスマス音楽礼拝】	Festival of Lessons and Carols for Christmas	アドヴェント第4主日
F.メンデルスゾーン (Felix Mendelssohn)	Say, where is he born/ Then shall a star	主の公現日(エピファニー)
C.ウッド (Charles Wood)	O thou the central orb	公現後第2主日
J.キッチン (John Kitchen)	Look how the dawn	公現後第3主日
E.ブロック (Ernest Bullock)	Give us the wings of faith	使徒パウロの回心記念日
T.タリス (Thomas Tallis)	O nata lux	聖燭祭

J.ブラームス (Johannes Brahms)	Geistliches Lied	公現後 第6主日
G.ナイト (Gerald Night)	Now the God of peace	レント前の 主日
T.モーリー (Thomas Morley)	Nolo mortem peccatoris	灰の水曜日
T.タリス (Thomas Tallis)	O Lord, give thy Holy Spirit	レント 第1主日
H.パーセル (Henry Purcell)	Remember not, Lord, our offences	レント 第2主日
E.ベアストウ (Edward Bairstow)	The Lamentation	レント 第3主日
P.トーニ (Peter Togni)	Silentio (for unaccompanied choir and bass clarinet)	レント 第4主日
【十字架の道行き】	Stations of the Cross and Benediction	レント 第5主日
【十字架の道行き】	Stations of the Cross and Benediction	棕櫚の主日
【詩編詠唱と消火礼拝】	Tenebrae	暗闇の水曜日
G.ブージニャク (Guillaume Bouzignac)	Salve, Jesu piissime	洗足木曜日
T.タリス (Thomas Tallis)	If ye love me (washing the feet)	洗足木曜日
S.S.ウェスリー (Samuel Sebastian Wesley)	Blessed be the God and Father	復活日 (イースター)
P.ウィトロック (Percy Whitlock)	O my Lord, I see thee face to face	復活節 第3主日
H.ハウェルズ (Herbert Howells)	Alleluia, I heard a voice	復活節 第4主日
P.ヴィレット (Pierre Villete)	Panis angelicus	復活節 第5主日
E.ベアストウ (Edward Bairstow)	Sing ye the Lord	復活節 第6主日
R.ロイド (Richard Lloyd)	View me, Lord	復活節第7(昇天後第1)主日

E.エルガー (Edward Elgar)	The spirit of the Lord	聖霊降臨日
J.ステイナー (John Stainer)	I saw the Lord	三位一体主日
W.ハリス (William Harris)	O love divine	聖霊降臨節第2主日
R.シェパード (Richard Shepherd)	Jesu, dulcis memoria	聖霊降臨節第3主日
F.メンデルスゾーン (Felix Mendelssohn)	How lovely are the messengers	聖霊降臨節第4主日
W.A.モーツァルト (Wolfgang Amadeus Mozart)	Ave verum corpus	聖霊降臨節第5主日
F.メンデルスゾーン (Felix Mendelssohn)	Ave Maria	聖母マリアの祝日
C.スタンフォード (Charles Stanford)	For lo, I raise up	聖霊降臨後第12主日
B.ガーディナー (Balfour Gardiner)	Evening hymn	聖霊降臨後第I3主日
C.スタンフォード (Charles Stanford)	O for a closer walk with God	聖霊降臨節第I4主日

表 4. 音楽夕礼拝のカンティクルズ作曲者

作曲者	調など
C.ハリス (Cuthbert Harris)	Service E flat
C.スタンフォード (Charles Stanford)	Service in A Service in C Service in G Service in B flat
J.ゴス (John Goss)	Service E
O.ギボンズ (Orlando Gibbons)	Second service
E.ベアストウ (Edward Bairstow)	Service in D The Lamentation
W.バード (William Byrd)	Second service Evening service in five
G.ダイソン (George Dyson)	parts Service in D
T.タリス (Thomas Tallis)	Service in F fauxbourdons
H.パーセル (Henry Purcell)	Service in G minor
T.ノブレ (T. Tertius Noble)	Service in B flat Service in B minor
H.ハウェルズ (Herbert Howells)	St Paul's Service Gloucester Service
P.ムーア (Philip Moore)	Collegium regale Magnificat in B flat
H.マリル (Herbert Murrill)	Service in E
B.ハーウッド (Basil Harwood)	Service in A flat
B.ロジャース (Benjamin Rogers)	Service in A minor

H.サムシオン (Herbert Sumsion)	Service in G
H.ブレア (Hugh Blair)	Service in B minor
T.A.ウォーミズリー (Thomas Attwood Walmisley)	Service in D minor

Edinburgh

第六章
街に満ちる音楽

ヨーロッパ中世において祭りとは、異なる階層に属する人々が唯一交流を許される場であったという。村、街といった単位で暮らす人々にとって、よそ者や流れ者への警戒は強く、もともと放浪者の血筋にある人々は、定住者と対等の交わりを持つことはできなかった。しかし祭りの日だけは共に酒を飲み、歌い踊る無礼講が許されたという。

エディンバラの夏と冬は祭りに彩られる。日照時間の長い夏は、なかなか沈まぬ太陽をさらに引き留めようとするかのように人々は活動し、明るさを楽しみ、飽くことなくそれを享受しようとする。そして一日のうち活動できる時間が極端に少ない冬は、街じゅうをイルミネーションで飾り、魔物の跋扈する暗黒を清らかな光のエネルギーで塗り変えようとする。エディンバラの祭りは、厳しい自然に負けまいとする心意気に芸術の力が注ぎ込まれて成立している。この章では夏の国際フェスティバル、フリンジ、ミリタリー・タトゥー、冬のホグマニー、トーチライト・プロセッションを取り上げ、大掛かりな祭りを長い年月成功させている原動力を探ってみたい。

1. エディンバラ国際フェスティバル

毎年八月、三週間にわたって開催されるこのフェスティバルは、世界中に数多く存在する芸術フェスティバルの中でも最も大規模なものの一つである。フェスティバルを彩るプログラムは音楽、演劇、ダンスなどパフォーミング・アートの公演、絵画、彫刻、ファッションなどビジュアル・アートの展示会、ワークショップなどである。音楽に関しては特にクラシック分野が充実している。世界中から一流のオーケストラやオペラ劇団、バレエ団、宗教音楽の演奏団体、器楽奏者などが招かれ、リーズナブルな価格で鑑賞することができる。

このフェスティバルの発案者はルドルフ・ビング（Rudolf Bing, 1902–1997）というオーストリア人であった。ユダヤ系の彼は一九三四年、ナチスの手を逃れて英国に移り住んだ。サセックスでグリンドバーン・フェスティバル・オペラ（Glyndebourne Festival Opera）という団体のジェネラル・マネージャーをつとめていたが、彼はこの英国で、ザルツブルク音楽祭に匹敵する芸術の祭典を立ち上げたい、と考えた。

第二次世界大戦がもたらした喪失と苦難は、戦勝国である英国にとってさえも大きなものだった。人々はさまざまな形で心に傷を負い、生活も困窮し、不安の中に暮らしていた。そもそも第一次世界大戦以来、もう長いこと英国には大きな芸術の催しは存在しなかった。一九四四年、爆撃の跡も生々しいロンドンのカフェで知人たちとランチをとりながら、ビングは「ヨーロッパの文化を活性化させ、人の精神がもう一度花開くそのきっかけとなる場を、この英国に創造したい」と熱心に語った。そして、一九四六年夏の実現を目標に、周囲の人々を説得していった。「芸術はどんな言葉よりも雄弁に人々に語りかける。世界を巻き込んだこの悲惨な戦争の傷をさえ癒す」という信念を彼は持っていた。芸術の力がいかに大きいか、今の世の中にいかにそれが必要か、全世界にその力が届くほどの大きな規模で芸術を提供することが、いかに人々の心を希望へと導くかをビングは説いた。それに応えて出資者が次々と名乗りを上げ、計画は少しずつ形を成してきた。五万人から十五万人の観客を見込み、八月中の三週間実施する。会場は見た目の印象が強い場所で、国内の観客のみならず外国からの旅行者をも魅了するようなユニークな街でなくてはいけない。何よりもその街自体が可能性と積極性に富み、このフェスティバルを街の看板にするだけではなく、そこに住む人々の魂の中心とすることを決意し、他の行事などに優先して進めてくれる場所でなくてはいけない。ビングはいくつかの候補について考えたが、最終的にエディンバラが推薦された。エディンバラ市は意を決し、この提案を受けた。

第一回は一九四七年八月二十二日から九月十一日にかけて行われた。演劇と音楽にかかわるさまざまなプログラムが組まれたが、この年はなんといってもクラシック音楽に光があてられた。特にブルーノ・ワルター（Bruno Walther, 1876–1962）率いるウィーン・フィルハーモニー管弦楽団の訪英は記念すべきものであった。ユダヤ系のワルターはナチス政権のもと迫害を受け、ドイツでは演奏ができなくなりウィーンへ移ったが、一九三八年にオーストリアがドイツに併合されるとスイスに逃れ、さらにアメリカへ移住していた。一九四七年エディンバラで行われたこの演奏会は、戦後最初となるワルターとウィーン・フィルの再会であった。これこそ、エディンバラ国際フェスティバルが第二次世界大戦の真の終焉を告げるものであり、新たな時代の幕開けを志した証であった。ワルターと同じ立場にあったビングは、どんな思いで故国から来たウィーン・フィルの演奏を聴いただろうか。

会場がスコットランドであるのも幸いした。ヨーロッパの中心地とは程遠く、富裕な大国ではない、この歴史的弱小国が、芸術分野をもって平和の祭典を世界に呼びかけたことは、戦争に生涯を踏みにじられた多くの芸術家を動かした。平和を希求し未来へ向かって行こうとする気迫こそ、この時代のヨーロッパ諸国が何ものにも増して求めていたものだった。

一九四〇年代から五〇年代にかけてのエディンバラ国際フェスティバル出演者は、二十世紀半ばを飾る綺羅星のような大音楽家のオンパレードだった。彼らは芸術を世界に取り戻す熱意に満ち、続々とエディンバラにやって来た。指揮者ヴィルヘルム・フルトヴェングラー、トーマス・ビーチャム、エイドリアン・ボールト、ピエール・モントゥー、ピアニストのアルトゥール・シュナーベル、ヴァイオリニストのヨーゼフ・シゲティ、歌手ロッテ・レーマンなどである。また、戦後めきめきと台頭してきたスターたちも馳せ参じた。指揮者ヘルベルト・フォン・カラヤン、ラファエル・クーベリック、シャルル・ミュンシュ、ヴォルフガング・サヴァリッシュ、レナード・バーンスタイン、ピアニストのクラウディオ・アラウ、ルドルフ・ゼルキン、ヴァイオリニストのユーディ・メニューイン、歌手のディートリヒ・フィッシャー＝ディースカウ、ヴィクトリア・デ・ロスアンヘレス、エリザベート・シュヴァルツコプフなど、まるで大音楽家名鑑を見るようである。これら若手の中には、そのキャリアの最初をエディンバラで飾った者も多い。両世代にわたってその名をとどろかせたピアニスト、アルトゥール・ルビンシュタインもエディンバラのステージに立った。

旧市街にあるキングズ・シアターはオペラ劇場としてフェスティバルの多くの名演を生んだ。一九五二年にハンブルクのオペラが訪英し、一九五七年以降にはミラノ・スカラ座、シュツットガルト国立オペラ、ストックホルムのロイヤル・オペラ、コヴェントガーデン、ベオグラード・オペラなどが招かれるようになった。オペラの指揮者としてはトーマス・ビーチャム、フェレンツ・フリッチャイ、カルロ・マリア・ジュリーニ、ラファエル・クーベリック、ゲオルク・ショルティ、カルロス・クライバー、ロヴロ・フォン・マタチッチなどが招聘された。スター・シンガーも枚挙にいとまがない。マリア・カラス、ビルギット・ニルソン、ヴィクトリア・デ・ロスアンヘレス、ジョーン・サザーランド、レナータ・スコット、ジュゼッペ・ディ・ステファーノ、ディートリヒ・フィッシャー＝ディースカウ、ニコライ・ゲッダ、フリッツ・ヴンダーリヒ、若きヘルマン・プライらが主役を飾った。

こうしてエディンバラ国際フェスティバルは精華を極め、毎年の夏の風物詩、夏のエディンバラの代名詞となっていく。残念ながら二〇二〇年はコロナウイルス感染拡大のため、一九四七年の第一回以降初めて中止となった。翌二〇二一年には縮小しての開催を決行した。そして二〇二二年、エディンバラにフェスティバルが戻ってきた。創設から七十五周年を数える。ウイルス感染の恐怖をも意に介さず、エディンバラの街に興奮が渦巻いた。

主な会場はアッシャー・ホール（二二〇〇名収容）、キングズ・シアター（一三〇〇名）、フェスティバル・シアター（一九一五名）、クイーンズ・ホール（九百二十名）、ザ・ハブ（四百二十名）、デュナード・センター（一〇〇〇名）などで、いずれもこの時期は休みなく何らかの公演が入っている。

二〇一二年に遭遇した、いかにもエディンバラらしいできごとを記しておこう。ラフマニノフの合唱交響曲に《鐘》という作品がある。エドガー・アラン・ポーの詩をロシア語に訳した歌詞を持ち、銀の鐘が若さの喜びを、金の鐘が愛と結婚の幸福を、真鍮の鐘が戦争への恐怖を、鉄の鐘が死の悲しみと永遠の平安を歌い上げる魅力的な合唱曲である。日本ではあまり聴けないので、アッシャー・ホールでこれが演奏されると知って喜んでチケットを購入した。コンサートの前の日、エディンバラは大雨に見舞われたが、フェスティバルに影響することはないように見えた。

当日、友人と私は開演四十五分ほど前にホール入口付近に着いた。通常ならもう人々は入場し、シャンペンなどを楽しみながら開演を待つ時間だ。しかしホールの扉は閉ざされたままで、大勢がその前をたむろしていた。待てども待てどもその扉は開かない。頭をよぎったのは、ヨーロッパでよくあるストライキだった。オーケストラがストライキを起こして帰ってしまったのではないか？　と思ったのだ。

しかし真相はまったく違った。開演時間近く、ついにホールからスタッフが出てきて、叫び始めた。前日の大雨で電気系統がすべて落ちてしまい、ホール使用が不可能なので、今日は中止します、というのだ。チケット払い戻しは明日以降オフィスに来てください、と叫び終わると、さっさと引っ込んでしまう。あっけにとられ、落胆したが、長時間たむろしていた観客たちの誰一人クレームをつけるでもなく、不機嫌になるでもなく、そうか、それじゃ仕方ないな。ほかに行こうか、という感じでなごやかに解散するのだ。友人と私も、後述するオールド・セント・ポール教会のホットチョコレート・コンサートに行くことにして、そこを離れた。

しかしこのラフマニノフの公演、たしか指揮者ははるばるロシアから招待されて来ているはずだ。オーケストラはロンドンから呼んだと書いてあった。何か月も練習をしてきた、市民を中心とする合唱団は百名を下らない。主催者の損失は小さくはないだろう。会場はエディンバラ随一のコンサート・ホールである。にもかかわらずこの一件はニュースとして新聞やテレビを騒がせることもなかった。どれだけ準備しようとも、だめになることはある。でも落胆する必要はない。また一から計画すればよいのだ。この考え方にはスコットランド滞在中さまざまな場面で出会った。この国の基本精神であり、強さの本質を形づくるものだと感じる。

2. エディンバラ・フェスティバル・フリンジ

「フリンジ」とは「周辺にあるもの」「縁（へり）」といった意味で、衣服の襟飾りや肩掛けの裾飾り、カーテンの房飾りなどをいう。一九四七年にエディンバラ国際フェスティバルの立ち上げが決まったとき、出演の招待から漏れてしまった団体が、フェスティバルと並行して自主公演をすることにした。八つの演劇集団である。彼らはフェスティバルの観客を自分たちの公演に呼び込んで収益を得ることを目指したが、同時に実験的な演劇を世に問いたい、と考えていた。一九四八年の第二回の折、劇作家でジャーナリストのロバート・ケンプが記事の中で、この活動を「フリンジ」すなわちエディンバラ国際フェスティバルの「へり」と書いた。以後この名称が定着した。そのころは当然運営組織などもなく、会場手配からステージづくり、チケット販売まで劇団員が無報酬で行っていた。

一九五一年、エディンバラ大学の学生自治会がフリンジを応援することを決議した。かれらは出演グループの立ち寄り場所を設置し、ボランティアで安い食事や宿泊施設を参加者に提供した。一九五五年、チケット予約販売センターが設けられる。しかしこれは試行錯誤の段階であり、いまだ学生ボランティアに頼る状況だった。その後フリンジに参加する団体は増え続け、ついに一九五九年、フェスティバル・フリンジ・ソサエティが設立された。組織化への第一歩であった。このとき決めた方針は、出演を希望する団体や個人に対する審査は一切しないこと、すべての演目に対する手引きを作成することなどであった。この年の出演団体は十九であったが、以後急速に増加していく。徐々に学生のボランティアでは手が回らなくなっていった。一九六九年、フェスティバル・フリンジ・ソサエティが法人化される。そして一九七一年には専門の総括責任者が置かれ、フリンジはようやく組織として確立した。学生自治会の二十年にわたる頑張りは実ったのだ。

二〇〇八年の記録を見ると、二百四十七の会場で二〇八五の演目が、延べ三万一三二〇回公演されたという。会場は街の中・小劇場、エディンバラ周辺に点在する古い城や邸宅、大学の教室や空きスペース、教会の礼拝堂やホール、公衆トイレやタクシーの中、ときには個人宅まで借り受けている。日本からの参加者としては和太鼓集団のパフォーマンスが定着しつつある。チケット代金は無料から二十ポンドを超えるものまであるが、近年は値上がりの傾向があるようだ。

フリンジはこれまで国際フェスティバルとは微妙なライバル関係にあった。豪華な出演者を揃えるクラシカルなフェスティバルに対し、フリンジの方は無審査の、基本的にアマチュアの活動で、アンダーグラウンドな雰囲気があり、反体制の心意気に支えられる祭典だった。しかし、近年では両方が補い合う共存関係にある。

フリンジの公演案内冊子をソサエティの事務所でもらい、どれに行こうか、どのチケットを買おうか迷うのはとても楽しい。私自身オールド・セント・ポール教会のフリンジ・コンサートに聖歌隊員として出演した。またこの教会では「Hot Chocolate at 10」という催しを平日の晩に行っている。午後十時開演で、楽器演奏や歌などさまざまな演目があった。聖歌隊のメンバーも、腕に覚えのある者は演奏していた。ときには指揮者のキッチン博士みずから聖歌隊の指揮やオルガン演奏のほか、伴奏ピアニストをかって出たりしていた。聴衆は生クリームを載せたホット・チョコレートを飲ませてもらえる。八月のエディンバラの夜十時はまだ明るいとはいえ肌寒いので、ホット・チョコレートはありがたかった。

フリンジは「審査なしのフェスティバル」のモデルとして世界的に認知され、定着した。その結果、かなりレベルの低いパフォーマンスと、チャレンジ精神に富んだ無名者の見事なステージが混在することになった。この、無名者による実験的でエキサイティングな公演には、ときに唸らされる。演劇分野では、フリンジからスーパースターが生まれた例さえある。モンティ・パイソン、「Mr.ビーン」のローワン・アトキンソン、アカデミー賞に五度ノミネートされたほか、数々の賞に輝く女優エマ・トンプソン、そして００７シリーズや「薔薇の名前」など数え切れない名作映画の主役をつとめたショーン・コネリーの名前は、演劇ファンならずとも知っているだろう。ちなみにショーン・コネリーはエディンバラ出身であり、スコットランド国民としての意

フリンジ会場となったニュー・カレッジ。開演を待つ人々の行列

フリンジ会場兼チケット・オフィスとなるマキュワン・ホール前

ウェイバリー駅構内もフリンジ会場である。演奏するエディンバラ大学生たち

識が強い人物として知られている。また、フリンジで初演され、後に有名になった劇もある。私が十代のころ、たしか一九六九年だったと思うが、日本の劇団四季が日生劇場で「ローゼンクランツとギルデンスターンは死んだ」という作品を上演した。当時の四季はまだミュージカル路線ではなく文学作品を核としていて、戯曲の好きだった私はよく通っていた。この「ローゼンクランツとギルデンスターンは死んだ」も当時の四季らしい作品だった。気の毒な二人の脇役に焦点をあてたハムレット外伝は斬新で楽しかったが、なんと初演は一九六六年、エディンバラ・フリンジの場末の芝居小屋だった。わずか三年後には日本語訳の台本が作られ、劇団四季によって日本に紹介されたのだった。作者のトム・ストッパードは、その後映画、演劇の脚本家として成功し、アカデミー脚本賞、ヴェネツィア国際映画祭金獅子賞などを獲得、今や映画・演劇界の重鎮となっている。

八月のエディンバラは街中がフリンジに沸き返り、大通りでも芸人やチラシ配りの人々が元気よく声を上げている。観光客はその間を縫って歩いて行く。目的地までまっすぐ歩けないほどの混雑である。無審査の演者によるフリンジと世界的なアーティストがひしめく芸術祭が対等の関係を保って盛り上げるフェスティバル、そのどちらも欠けることがない。これこそエディンバラという街を象徴する特性といえるだろう。

3. ロイヤル・エディンバラ・ミリタリー・タトゥー

八月のエディンバラはミリタリー・タトゥー（The Royal Edinburgh Military Tattoo）なしには語れない。月曜日から土曜日までの毎日、三週間にわたり、エディンバラ城前の広場で繰り広げられる巨大な音楽イベントである。Tattoo とは十七世紀のオランダ語 doe den tap toe（turn off the tap）から来ている。軍隊が旅立つさいに、宿泊した宿の主人に「そろそろさようならだよ」と知らせるための合図として、空になったエール樽をドラム軍団が打ち鳴らしたことにちなんだらしい。

この催しはフェスティバルに遅れること二年、一九四九年に立ち上げられた。戦争が終結し、軍隊は闘うという任務から解放された。また、解放されるべきであった。そして軍楽隊も、兵隊の闘争心を鼓舞するつとめを終えた。本来、軍楽隊とは何であったか。国を守る任務は、他国と戦うことに限定されない。自国を愛し、自国民を幸福にすることこそが彼らの喜びであり、つとめであったはずである。十九世紀英国の軍楽隊は市民の楽しみに奉仕する役割を果たしていた。保養地に出向き、地元オーケストラとの共演や幕間演奏をして喜ばれた。大きな公園や海水浴場、サーカス、市場などでも、制服を着こなした華麗な軍楽隊は花形であった。二十世紀、世界は二

エディンバラの夏を彩る音楽イベント、ミリタリー・タトゥー

つの大戦で疲れ果てていた。ようやく平和が戻ってきたとき、互いに争うためではなく手を取り合うために軍楽隊は演奏すべきだ、ということに気づいた人は多かった。

一九四九年の演奏会は「兵隊にまつわる何か」(Something about a soldier)と題され、プリンシズ・ストリート・ガーデンで行われた。そして翌一九五〇年、公式のミリタリー・タトゥーは八つの団体が集まって実施された。このときはエディンバラ城の前庭から北側、南側、東側に足場が組まれ、そこに六千人分の座席が設けられた。この野外音楽会は、娯楽に飢えていた人々を見事に引き寄せた。

その後、このイベントは順調に規模が拡大されていった。スコットランドの擁するバグパイプの軍団は、国外からの聴衆をも魅了してやまなかった。一九七〇年以後は平均して毎年二十二万人の観客を世界中から集めている。出演者はコモンウェルス・オブ・ネイションズ(Commonwealth of Nations)に連なる各国、およびアメリカ合衆国から招待された軍楽隊を中心とした、バグパイプ、ブラスバンド、打楽器などの楽団である。近年、コモンウェルス・オブ・ネイションズ以外の国々からの参加が相次ぎ、舞踊も取り入れ、より大きなパフォーマンスが披露されるようになった。バックにはエディンバラ城の城壁があり、これこそが、いかなる音楽会場の設備も太刀打ちできない壮大な舞台装置となる。私が初めて鑑賞した二〇一二年の公演では、この城壁にスコットランドの歴史や、演奏している各団体の母国を表現する映像が色とりどりに映し出された。アメリカ海軍軍楽隊の演奏のバックに、鮮やかな青い衣装と赤いマントをつけたスーパーマンの巨大なイラストが現れたのは忘れられない。二〇一七年、私は行くことができなかったが、日本から自衛隊の音楽隊が出演したのも記憶に新しい。二〇一八年、私が再度訪れたときには、メキシコ、チェコ、ドイツ、オマーンなど招待国のバラエティも広がっていた。オマーンの騎馬軍団は馬を引き連れての来訪と豪快なパフォーマンスで話題を呼んだ。また、この年から四十か国にテレビ中継され、世界中の三億ともいわれる人々が視聴した。

二〇〇三年に初登場したスイス・バーゼルのトップ・シークレット・ドラム・コープスというグループがある。太鼓による名人芸とドラム・スティックを使ってのパフォーマンスで、あっという間に大評判になった。かれらは一九九一年に結成されたアマチュア・グループである。二〇〇三年のミリタリー・タトゥー出演は、コモンウェルスでもなく、軍隊でもないグループが招待された初めての例であった。彼らの演奏は中世スイスのドリル・ドラミング・スタイルに基づく見事なドリルである。銀行家、工場勤務者、公務員、大学生などさまざまな職業の人々が集まって、日々猛練習を積んでいるとのことだった。タトゥーの目玉として二〇〇三年、二〇〇六年、二〇一二年、二〇一五年、二〇一八年、そして二〇二二年に招待されている。

さて、二〇一二年の八月に戻ろう。私にとって初めてのミリタリー・タトゥーである。チケットを手に入れたのは七月だった。タトゥーのチケットは前年の十二月から発売されるので、間近になると購入が難しいといわれている。事務所に行ったところ、ちょうどキャンセルが出たということで、一人分ならば案外手に入るのだとわかった。夕暮れが迫るころ、エディンバラ城の前庭に向かう。この期間、前庭には足場が組まれて客席が作られ、アリーナとなっている。人ごみの中何とか自分の席までたどり着く。アナウンサーが観客の祖国を読み上げる。「Anyone from United States of America?」そうすると、アメリカからの観客が「オー！」と声を上げる。百人を優に超える大集団である。国名は次々と読み上げられる。私の周辺に座っている人々は私の顔を見て、母国はどこだろう、と思っている様子だ。「From China?」「オー！」これも大集団である。しかし私は反応しない。「From Korea?」「オー！」これにも反応しない。周囲は不思議そうに私を見る。「From Japan?」「おー！」私は張り切って叫ぶが、おそらくは私一人か、広い会場に数人いたであろうか、寂しい状況だった。

ファンファーレが鳴り響き、いよいよタトゥーの始まりである。二〇一二年の出演者とプログラムは以下のようであった。

1. Queen Victoria School Pipes, Drums with The Scots College Pipes and Drums
2. Massed Bands – music inspired by Disney Pixar's 'Brave'
3. The Tattoo Dance Company and Canadiana Celtic Association

4. The Band of Australian Defence Force
5. OzScot Australia
6. The United States Naval Forces Europe Band
7. Top Secret Drum Corps
8. His Majesty the King of Norway's Guards Band and Drill Team
9. Massed Military Bands
10. Massed Military Bands and Massed Pipes and Drums
11. Finale and March Out

スコットランドの若いバグパイパーと太鼓奏者の演技に始まり、カナダ、オーストラリアというコモンウェルス各国、そしてアメリカ海軍の大軍団が続く。スコットランドは十八〜十九世紀にこれらの国へ多くの移民を送り出した歴史がある。移住者の子孫には祖国への郷愁が根強く残っており、その思いが音楽を支える。

プログラムの半ばを過ぎ、一番人気のトップ・シークレット・ドラム・コープスの出番である。ドラミングが会場を満たす。お人形のように無表情の鼓手たちが、おそろいの白いハイソックスと羽根のついた帽子姿で一糸乱れぬ演技を見せてくれる。ドラム・スティックは時には宙を飛び、時には闘いの武器と化して力強く舞う。その妙技は人間業とも思えないほど見事なもので、満場の観客が水を打ったように静まり返った。演技が終わると嵐のような拍手で、「Incredible!」の声が周囲から上がった。

この年はノルウェーからも国王の軍楽隊が招かれていた。すべての出演者が演奏を終えると、フィナーレである。全員が前庭に集結し、まずは英国国歌《God Save the Queen》（エリザベス二世の崩御とチャールズ三世の即位を受け、二〇二三年からはKingに変更されることだろう）が演奏される。次にスコットランド第二の国歌と言われる《Auld Lang Syne》（日本では《蛍の光》として知られる）が鳴り響き、観客は熱く高揚し、演奏者と一体になる。その時をのがさず、アナウンサーが「Scotland! Scotland the brave!」と絶叫する。そして楽隊は、バグパイプの音楽といえばだれもが思い浮かべる曲、《勇敢なるスコットランド》（Scotland the Brave）を高らかに演奏しながら前庭から出発し、ロイヤル・マイルをホリルードへ向かって下っていくのである。このころには時計は真夜中に近い。完全に黒くはならない夏の夜空に花火がふんだんに打ち上げられる。涼やかな風が吹きぬけるエディンバラ城の前庭で、観客は紅潮した笑顔を向け合い、国境を越え感動を分かち合って別れていく。ナショナリズムというものは、互いに手を取り合ってこそ生かされ、万人の心を捉えるのだと痛感する。

なんといってもこのようなイベントを、ヨーロッパ大陸に住む人さえ「イギリスの北の果て」

フィナーレ。バグパイプとドラム、吹奏楽の大軍団。城壁にはユニオン・フラッグが映し出される

と言うこの辺境の地で何十年も、毎年三週間続けていることに驚かされる。エディンバラの底力であろう。

4. ロバート・バーンズと《蛍の光》

●シューマンに愛された詩人

さて、ミリタリー・タトゥーの最後に演奏される《Auld Lang Syne》であるが、この歌に関連し、スコットランドで最も親しまれている詩人について語りたい。「スコットランドのオルフェウス」と呼ばれる彼の名はロバート・バーンズ（Robert Burns, 1759–1796）という。スコットランド南部、エアシャーのアロウェイという村に、貧しい小作農の息子として生まれ、経済的困窮と厳しい農作業の中で成長した。土地で話される言葉はスコッツ語であったが、すでに英語が流入しており、二つの言語文化の中で育った。本格的な教育を受けることはできなかったが、もともと旺盛な読書欲を持っていた彼は、スコッツ語と英語の両方に熟達していく。やがて完璧な英語を話す背の高い美青年となる。

バーンズの詩人としての才能はごく年若いころから垣間見えていた。長じるにつれ、彼はスコットランドに伝わる口承文学と歌の旋律に関心を深めていく。それが最初に形となったのは一七八六年、二十七歳の時であった。『主としてスコットランド方言による詩集』(Poems, chiefly in the Scottish Dialect) を出版し、これが人気を博したのだ。彼は活動を広げるため、エディンバラに移り住んだ。おりしもこの年、音楽出版と楽譜印刷を手掛けているジェイムズ・ジョンソンがエディンバラにやって来た。スコットランド、アイルランド、イングランドの歌を二巻にまとめて出版しようと考えていたのだ。しかしバーンズと知り合って、ジョンソンの計画は大きくその方向性を変えた。「この若者の力を借りれば、スコットランドに焦点を定め、より意味あるまとまった企画ができる」とジョンソンは考え、対象をスコットランドに絞り、歌集の規模を六巻に膨らませることにした。バーンズは期待に応え、ジョンソンに多くの題材を提供した。こうしてジョンソン編纂の歌集『スコットランド音楽博物館』(The Scots Musical Museum) 全六巻が世に出たのである。バーンズは、さらに出版業者ジョージ・トムリン編集の『スコットランド・オリジナル・エア選集』(Select Collection of Original Scottish Airs) にも、古くから伝わる歌の旋律を提出して貢献した。

バーンズは膨大なスコットランドの伝承歌に精通していた。それらの旋律を自分の詩作品に生かし、三百五十を超える歌曲を作った。詩のみの作品を加えると、総計六百編以上にのぼる。しかし彼もまたロバート・アーチボルド・スミスと同様、若くして世を去る運命だった。一七九六年、リューマチを患い、三十七歳で亡くなった。

スコットランドの荒々しく変幻する自然の中で、幼いころ祖母から聞かされた民話、スコットランドの歴史に登場する人物たちの運命などから受けた霊感は、彼の想像力という翼によって飛翔し、詩となって舞い降りた。いっぽうでは貧困や不平等への怒りを歌った社会的内容を含む作品も多い。また、女性関係が華やかでトラブルも多かった彼らしく、恋愛詩も相当な数にのぼる。彼の詩作の傾向は多岐にわたっており、スコットランドの空のように変幻自在である。本質をひとことで表すのは難しい。しかし、そんな彼の詩は英国だけでなくヨーロッパ大陸の国々にまで知られ、翻訳されて多くの作曲家にインスピレーションを与えた。バーンズの詩に曲をつけた作曲家を、現在楽譜を入手できる範囲内ではあるが、言語別に整理した。

・スコッツ語、英語

ジョン・ロス（John Ross）
ウォルター・オーガスタス・バーラット（Walter Augustus Barratt）
ロジャー・クィルター（Roger Quilter）
フレデリック・ブランディーズ（Frederick Brandeis）
ジェイン・メアリー・ゲスト（Jane Mary Guest）

エドワード・マクダウェル（Edward MacDowell）
アレクサンダー・キャンベル・マッケンジー（Alexander Campbell Mackenzie）
ジョナサン・E・スピルマン（Jonathan E. Spilman）
ダニエル・グレゴリー・メイソン（Daniel Gregory Mason）
アーサー・サリヴァン（Arthur Sullivan）
ヘンリー・フィリップス（Henry Phillips）
ヘンリー・ラッセル（Henry Russell）
ヘレン・ホープカーク（Helen Hopekirk）
ジョン・トンプソン（John Thompson）
フランク・シーモア・ヘイスティングズ（Frank Seymour Hastings）
リチャード・マッキンタイヤー（Richard McIntyre）
チャールズ・ヴィンセント（Charles Vincent）
ウィリアム・シャーフェンバーグ（William Scharfenberg）
ホーマー・ニュートン・バートレット（Homer Newton Bartlett）
ジョージ・ジョン・ベネット（George John Bennett）
ロバート・アーチボルド・スミス（Robert Archibald Smith）

エドナ・ロザリンド・パーク（Edna Rosalind Park）
フレデリック・ブリッジ（Frederick Bridge）
ジョーゼフ・リッソン（Joseph Ritson）
アルフレッド・ウィリアム・トムリン（Alfred William Tomlyn）
ジョージ・トンプソン（George Thompson）
エドワード・ジェイムズ・ローダー（Edward James Loder）
オリー・スピークス（Oley Speaks）
アーサー・フット（Arthur Foote）
エイミー・マーシー・ビーチ（Amy Marcy Beach）
デイヴィーズ・ウォルフォード（Davies Walford）
サムエル・コールリッジ＝テイラー（Samuel Coleridge-Taylor）
ウィリアム・ハワード・グローバー（William Howard Glover）
ジェイムズ・ミラー（James Miller）
アレクサンダー・ヒューム（Alexander Hume）

・ドイツ語訳

ロベルト・フランツ（Robert Franz）
ロベルト・シューマン（Robert Schumann）
クララ・シューマン（Clara Schumann）
フェーリクス・メンデルスゾーン（Felix Mendelssohn）
アレクサンダー・フェスカ（Alexander Fesca）
カール・レーヴェ（Carl Löwe）
ヨハン・ダルクヴェン（Johann D'Alquen）
ニコライ・フォン・ヴィルム（Nicolai von Wilm）
オットー・フェラー（Otto Feller）
カール・ラフィテ（Carl Lafite）
フェルディナント・ヒラー（Ferdinand Hiller）
アウグスト・ブンゲルト（August Bungert）
カール・ゲオルク・ペーター・グレデナー（Carl Georg Peter Grädener）
ハインリヒ・マルシュナー（Heinrich Marschner）
フリードリヒ・ヴィルヘルム・イェーンス（Friedrich Wilhelm Jähns）
イグナツ・ブリュル（Ignaz Brüll）

オットー・ドレゼル（Otto Dresel）
アドルフ・イェンゼン（Adolf Jensen）
ヨーゼフ・ガブリエル・ラインベルガー（Joseph Gabriel Rheinberger）
ベルンハルト・スターフェンハーゲン（Bernhardt Stavenhagen）
ヤン・カロル・ガル（Jan Karol Gall）
マックス・ツェンガー（Max Zenger）
カール・ゴルトマルク（Carl Goldmark）
ヘルマン・アルベルト・ディートリヒ（Hermann Albert Dietrich）
フランツ・フォン・ホルシュタイン（Franz von Holstein）
フリードリヒ・ヴィルヘルム・キュッケン（Friedrich Wilhelm Kücken）
ヤンボー・オイゲン（Jambor Eugen）

・デンマーク語訳

ペーター・ハイゼ（Peter Heise）
レオポルト・ローゼンフェルト（Leopold Rosenfeld）
カール・ニールセン（Carl Nielsen）

ユリウス・ベヒガード（Julius Bechgaard）
アガーテ・バカー＝グロンダール（Agathe Backer-Grøndahl）

・フランス語訳
モーリス・ラヴェル（Maurice Ravel）
アンドレ・ジェダルジュ（André Gédalge）

・ロシア語訳
アレクサンダー・ソコロフ（Alexander Sokolov）
ニコライ・ミャスコフスキ（Nikolay Myaskovsky）

・ノルウェー語訳
アガーテ・バカー＝グロンダール（Agathe Backer-Grøndahl）
シェルルフ・ハルフダン（Kjerulf Halfdan）

このほか、オーストリアのイグナツ・プレイエル（Ignaz Pleyel）が《三十二のスコットランド民謡》（32 Scottish songs）の中でバーンズを取り上げ、英語詩に曲をつけている。またドイツの高名な指揮者、ハンス・フォン・ビューロウ（Hans von Bülow）は《天国にいるメアリーへ》（To Mary in Heaven）の英語詩に作曲した。さらにベートーヴェン（Ludwig van Beethoven）もスコットランド、アイルランド、ウェールズの民謡集を声楽とピアノ三重奏のために編曲したさい、バーンズの詩をいくつかとりあげた。ベートーヴェンは前出の出版業者ジョージ・トムリンの依頼で、断続的にではあるがおよそ六年間にわたり、この仕事をしたと思われる。

以上の作曲家リストを見て、ドイツ・ロマン派の名が異様に多いことに誰もが気づくのではないだろうか。ロベルトとクララのシューマン夫妻、メンデルスゾーン、レーヴェ、オルガン作品で知られるラインベルガーなど十九世紀の重要な人物が、スコットランドの田舎に生まれた一詩人に注目したのだ。中でもロベルト・シューマン（Robert Schumann, 1810–1856）のバーンズへの傾倒ぶりは特筆すべきものがある。シューマンは一八四〇年、歌曲に力を注ぎ、彼の代表作となる歌曲集を生み出した。《詩人の恋》、《女の愛と生涯》、二つの《リーダークライス》、《ミルテの花》である。《ミルテの花》（Myrthen, Op.25）は、結婚したばかりの妻クララに献げられた。全二十六曲から成っており、ゲーテ、リュッケルト、モーゼン、ハイネ、バイロン、ファンショー、ムーア、そしてバーンズという八名の詩人の詩作品が用いられた。バーンズの詩はドイツ語に訳され、二十六曲中八曲に使われている。ゲーテとリュッケルトが各五曲、ハイネが三曲、ムーアが二曲、バイロン、ファンショー、モーゼン各一曲であるから、シューマンがいかにバーンズを好んだかがわかる。このほかにもシューマンはロマンツェやバラッド、二重唱、四重唱と、さまざまな音楽様式にバーンズの詩を生かしている。

バーンズ自身は十八世紀後半を生きており、新古典主義とロマン派の境界にいた。したがってバーンズの詩には、確かにロマン的趣味も流れてはいるが、同時にそれとは異なる趣がある。ドイツの詩は暗い森や川の流れ、降りしきる雨や動いていく雲に気持ちを託するものが多い。これらの詩は文学的教養を積んだ歌い手の磨かれた声に乗り、ピアノという表現力豊かな楽器との協同作業によって音楽化される。ドイツ・リートは文学と声とピアノ、この三者の出会いから生まれた分野である。高度に芸術的で、名工の手にかかった緻密な宝石細工を彷彿とさせる。いっぽう、バーンズの詩にふさわしい表現方法はより語り物に近く、バラッドの伝統に根差した素朴さが求められる。とはいえ、バーンズの詩に歌われた、スコットランドが歴史の中で舐めてきた辛酸と、それに巻き込まれた今は亡き人々の物語は、ドイツ・ロマン派音楽の文学的一面に重なり、作曲家たちに新鮮なインスピレーションを与えた。特に、優れた文筆家でもあったシューマンがなみなみならぬ興味を抱いたのは理解できる。

シューマンが《ミルテの花》におさめたバーンズの詩による歌曲は、以下のようなものである

（〈　〉内は歌曲のドイツ語タイトルである。バーンズの原詩と照合しやすいように、各曲の下部に原詩冒頭の日本語訳を付した）。
〈ある人（Jemand）〉＝わたしは悲しいけれど
〈ハイランドの未亡人（Die Hochländer-Witwe）〉＝わたしはロウランドへやってきた
〈ハイランド人の別れ（Hochländers Abschied）〉＝わたしの心はハイランドに
〈ハイランドの子守歌（Hochländisches Wiegenlied）〉＝おやすみ、かわいい小さなドナルドや
〈隊長の妻（Hauptmanns Weib）〉＝さあ、馬に乗って
〈遠く、遠く（Weit, weit）〉＝こんなに悲しいのに
〈だれにも（Niemand）〉＝僕には僕の妻がいる
〈西の方に（Im Westen）〉＝わたしはフォース湾越しに北を眺める

「わたしの心はハイランドに」のような、スコットランドを好きな人ならまず思い浮かべる有名な詩も含まれている。目につくのはハイランドを想う歌、そして心ならずもロウランドで暮らさなければならなくなったハイランド人の嘆きの歌である。

ハイランドの悲劇を歌ったものを見てみよう。〈ハイランドの未亡人〉は、ジャコバイトの乱で夫が命を落とし、そのために故郷のハイランドを捨ててロウランドへやってきた未亡人の嘆きである。ジャコバイトの乱の旗頭であるボニー・プリンス・チャーリーへの恨みごとまでつぶやいている（ヴィルヘルム・ゲアハルトによるドイツ語訳詞を横山が日本語に訳した）。

わたしはロウランドへやってきた、
ああ、悲しい！ ああ、悲しい！
なにもかも奪われて、
お腹が空いて、もう死にそうだ。
ハイランドではこうではなかった。
ああ、悲しい！ ああ、悲しい！
谷間にいるときも、山の頂にいるときも、
わたしほど幸せな妻はいなかったわ。
なぜって、わたしは二十頭の牝牛を持っていたもの。
ああ、悲しい！ ああ、悲しい！
牝牛はミルクとバターをくれて、

クローバーを食べていたわ。
六十頭の羊も持っていたのよ。
ああ、悲しい！　ああ、悲しい！
霜や冬の雪からわたしを守り、
羊は暖かい毛皮でわたしを温めてくれたわ。
一族の中でわたしほどの
幸せ者はいなかったわ。
なぜって、ドナルドは誰よりも素敵な男だった。
彼がわたしの夫だったのだもの。
あの時までは。古いスコットランドを自由にするために
チャーリー・ステュアートが来るまでは。
ドナルドはチャーリーと国とのために
その腕を差し出さなくてはならなかった。
彼らがどんな運命をたどったか知っている？
不正が正義に勝ったのよ。
カロデンの闘いは野原を血に染め、

主君も従者もともに倒れていったの。
おお！　だからわたしはロウランドに来たの！
ああ、悲しい！　ああ、悲しい！
いまはハイランドから海に至るまで、
わたしほど不幸な妻はいないわ！

〈ハイランドの子守歌〉では、別の未亡人であろうか、一人息子のためにこんな子守歌を歌う。

おやすみ、かわいい小さなドナルドや。
お父さんのロナルドにそっくりな子
誰がこの小さな盗人を産んだのか
貴族たちはみなよく知ってるのさ
いたずらっ子、炭のように黒い瞳の
お前が大きくなったら、仔馬を盗むんだよ。
ロウランドへ時々降りていっては
カーライルの牝牛を盗んでおいで！

迷わずロウランドにおいきよ、
そこじゃあね、坊や、盗んでいいんだよ
お金を盗んで、お前の幸せを盗んでくるのさ
それからハイランドへと戻っておいで！

貧しい母が子どもを盗賊になるように促す、なんとも痛ましい「子守歌」である。しかし、かすかに冷めたユーモアの香りがするのはなぜだろうか。これらハイランド人の嘆きは、有名な作品〈ハイランド人の別れ〉（「わたしの心はハイランドに」）に凝縮されている。

わたしの心はハイランドにある。わたしの心はここにはない。
わたしの心はハイランドにある。ハイランドの森の中に。
そこで牡鹿やノロジカをわたしは追いかけたものだ。
わたしの心はハイランドにある。どこに行こうとも。

さようなら、わたしのふるさと、ハイランドよ！
自由と勇気とが生まれ育つ地。

どこへさすらって行こうとも、どこにとどまろうとも、
わたしはハイランドの山々に結びついている。

さようなら、雪で覆われた山々よ！
さようなら、花とクローバーの咲き乱れる谷よ！
さようなら、森よ、苔むした岩よ！
虹のように輝く小川よ、さようなら！

この三曲はシューマンによる「ハイランド・チクルス」といえるだろう。〈ハイランドの未亡人〉では、馬のひづめのようなピアノのリズムに乗せて、悲しみが激しく歌われる。〈ハイランドの子守歌〉は動きの少ない素朴な旋律を、シンプルな和音でピアノが支える。〈ハイランド人の別れ〉には曲のはじめにFrisch（はつらつと、みずみずしく）との指定がある。ドイツ・ロマン派を象徴する「望郷」と、「あこがれ」がここに生かされて、詩のもつ悲しみがそのみずみずしさに浄められているかのようである。シューマンのバーンズ観、スコットランド観の一端を垣間見ることができる。

●友情を歌う「第二の国歌」

話は変わるが、日本の詩人、歌人、俳人などのうち、ほとんどの国民がその名前と代表的な作品を口ずさむことができるのは誰だろうか。古くは俳人松尾芭蕉、小林一茶、詩人としては宮沢賢治、もう少し新しいところでは金子みすゞなどが挙げられるだろうか。しかしその中で、曲をつけられ国民に愛唱されている人となると候補が極端に少なくなる。詩人ロバート・バーンズの存在を特異なものとしているのは、国民のだれもがその詩と旋律を知り、生活の重要な場面で歌い継いでいるという事実である。国民生活になくてはならない「民の心」の象徴ともいえるものがその詩の中にあり、分断に苦しんできたハイランドとロウランド、多くの命を散らした宗教的信条のぶつかり合いなどを超え、さまざまな場面で歌われ続けているのだ。その代表的な歌といえば、やはり《Auld Lang Syne》だろう。「Auld Lang Syne」とはスコッツ語で「遥かな遠い昔」を意味する。歌詞をみてみよう。スコッツ語のオリジナルと日本語訳は以下の通りである。

・スコッツ語

Should auld acquaintance be forgot,
and never brought to mind?

Should auld acquaintance be forgot,
and auld lang syne?

(chorus)
For auld lang syne, my jo,
for auld lang syne,
we'll tak' a cup o' kindness yet,
for auld lang syne.

We twa hae run about the braes,
and pou'd the gowans fine :
But we've wander'd mony a weary fit,
sin' auld lang syne.
(chorus)
We twa hae paidl'd in the burn,
frae morning sun till dine :

But seas between us braid hae roar'd
sin' auld lang syne.
　(chorus)
And there's a hand, my trusty fiere!
and gie's a hand o' thine!
And we'll tak' a right gude-willie waught,
for auld lang syne.
　(chorus)
And surely ye'll be your pint-stoup!
and surely I'll be mine!
And we'll tak' a cup o' kindness yet,
for auld lang syne.
　(chorus)

・日本語訳

古い友達づき合いの思い出が

あっけなく消え去ってしまい、
心によみがえらぬはずがあろうか。
長い長いつき合いの思い出が。

（コーラス）
君、長いつき合いだったね。
本当に長い年月《としつき》だった。
変わらぬ間柄を祝って一杯いこう。
長く長くつき合ってきたのだから。

なあ、覚えているか、二人で丘を駆けめぐり、
きれいなヒナギクをどっさり摘んだのはよかったけれど、
おかげでふらふらに疲れ切り、あちこちさまよい歩いたのを。
遠い遠い昔の出来事を。
（コーラス）
二人は小川でもぽちゃぽちゃやったじゃないか。

朝日が昇りかけた頃からお昼時まで。
だが、そばで海がごうごうと鳴っていたのは恐ろしかったな。
それも、遥かな昔になってしまった。
（コーラス）
さあ君、握手をしよう。
しっかりと握ってくれ。
そして、思いっ切り、ぐうっと飲もうよ。
われらの長いつきあいを記念して。
（コーラス）
いいか、その大コップは干さなきゃいけない。
こちらも絶対に干すつもりだ。
こうして親しいつき合いだったことをお祝いしよう。
遠い遠い昔のために。
（コーラス）

（ロバート・バーンズ研究会編訳『ロバート・バーンズ詩集』より）

譜例 1

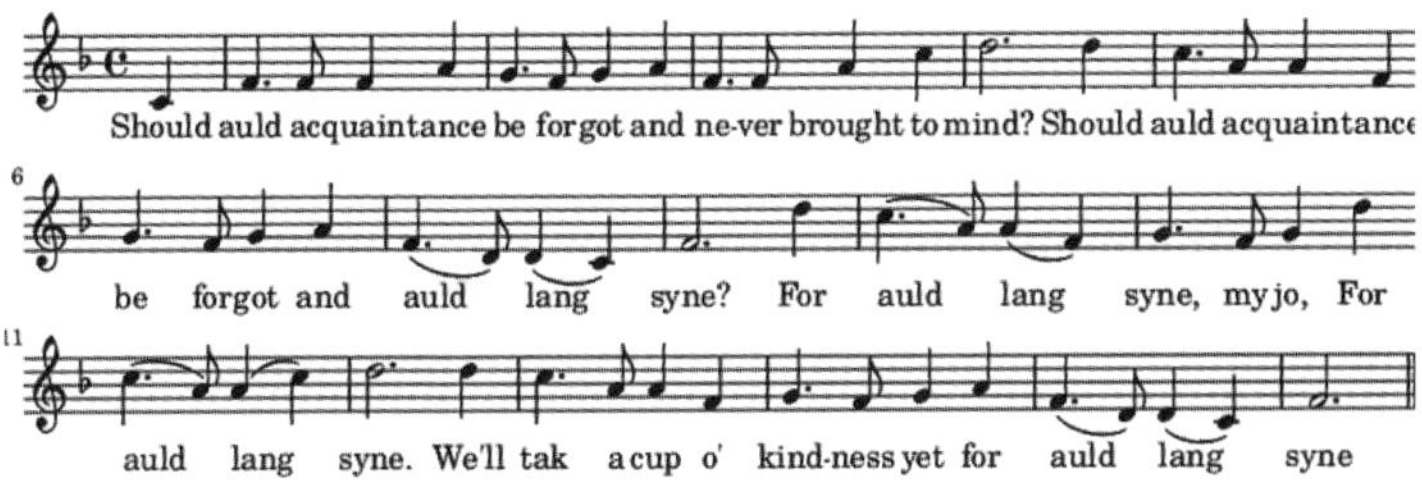
Should auld acquaintance be forgot and ne-ver brought to mind? Should auld acquaintance
6
be forgot and auld lang syne? For auld lang syne, my jo, For
11
auld lang syne. We'll tak a cup o' kind-ness yet for auld lang syne

譜例 2

Should auld ac-quantance be forgot, and ne-ver brought to mind? Should
auld ac-quantance be forgot, for auld lang syne? For
auld lang syne, my jo, for auld- lang- syne? We'll
tak' a cup o' kind-ness yet, for auld lang syne.

長く続く友情を歌うこの詩は、ロバート・バーンズが古いスコットランドの歌を文字として書き起こしたものだというが、ほぼ彼の創作として差し支えないだろう。旋律は前頁の二通りのものが残されている。

譜例1は日本で《蛍の光》として知られている。だがバーンズが最初にこの詩をつけた旋律は譜例2の方であった。故郷で耳にしたこの旋律を彼は採譜して用いたが、のちに出版が決まったさい、より華やかでポピュラリティのある旋律に書き直した。こうして誕生したのが譜例1である。しかし譜例2の素朴な味わいも捨てがたい。

現在スコットランドには公式な国歌というものはなく、スポーツの国際大会などではスコットランド人フォーク・ミュージシャン、ロイ・ウィリアムソン作詞作曲による《スコットランドの花》（O Flower of Scotland）が用いられることが多い。しかし、この曲以上によく知られており、「第二の国歌」と呼ばれるのが《Auld Lang Syne》である。ミリタリー・タトゥーのフィナーレにおいても、英国国歌によって大英帝国の繁栄を賛美した後、《Auld Lang Syne》を通してその場に集った人々の永遠の友情と再会を信じ、誓いあう。近年では二〇二〇年、英国のEU離脱が可決された議会で議員たちが立ち上がり、手をつないで歌った。ここで見落としてはならないのは、詩を読んでわかるように、この歌に本来「別れ」のニュアンスは皆無であるということだ。《Auld Lang Syne》は友情の歌である。EUに残る国もそこを離れる国も、人間として永遠に結ばれているのだ。どこに住んでいようとも、人種や主義主張が違おうとも、今ここで手を取り合うわれわれは永遠の友情で結ばれている、と歌い上げる。この歌で酌み交わすパイント・グラスは、堅く深い誓いの乾杯なのである。

●新年を祝う火祭り

日本における《蛍の光》は卒業式の定番ソングとして知られている。もともと《蛍の光》《故郷の空》《アンニー・ローリー》のようなスコットランドのメロディは、明治期に音楽教育の教材として輸入されてきた。当時、欧米の音楽を日本の子どもたちに教えることは急務であった。政府は音楽取調掛《おんがくとりしらべがかり》を置き、英語に堪能な伊澤修二を責任者とした。伊澤はアメリカに留学し、教育法を学んだのち、日本人が最初に出会う西洋の歌にふさわしいものを選んで持ち帰った。それらは音域が狭く、それまでの日本式発声でも歌えるものであった。また和声が単純で、鍵盤楽器を学び始めたばかりの日本の音楽教師が伴奏しやすいことも重要だった。こうして《小学唱歌集》が編纂された。一八八一年（明治十五年）刊の初編に〈蛍〉という名の歌が入っている。これが《Auld Lang Syne》の旋律（譜例1）であった。音楽取調掛のメンバーである稲垣千穎《いながきちかい》が作詞した。

蛍の光　窓の雪
書《ふみ》読む月日重ねつつ
いつしか年もすぎの戸を
開けてぞ今朝は別れ行く

止まるも行くも、限りとて、
互《かたみ》に思ふ、千萬《ちよろず》の、
心の端を、一言に、
幸《さき》くと許《ばか》り、歌ふなり。

筑紫の極み、陸《みち》の奥、
海山遠く、隔つとも、
その真心は、隔て無く、
一つに盡くせ、國の為。

千島の奥も、沖縄も、

八洲《やしま》の内の、護りなり。
至らん國に、勳《いさお》しく、
努めよ我が兄《せ》、恙《つつが》無く。

ずいぶん原詩とは印象が違う。明治十年代といえば日本政府の政策が保守反動に向かっていた時期である。その波は音楽教育にも及んでおり、「徳育」が叫ばれていた。歌は道徳的、愛国的な要素を持つことが奨励された。伊澤はアメリカ教育思想の影響を受け、国家の近代化を志していた人物である。その伊澤が、音楽教育を政治に結びつける方向性をそのまま受容したとは考えにくい。しかし、《蛍の光》のこの歌詞から思い至るのは、徳育を基本にしながらも「友情」をキーワードとし、原詩の含蓄をできるだけ残しつつ当時の日本に馴染むものにした、という可能性である。翌明治十六年、伊澤修二は『千葉教育會雑誌』の中でこの歌を「学校を卒業するときに歌う歌」とした。以来卒業式でこれを斉唱する、という習慣が根付いていったようである。かくして日本での《蛍の光》は「別れ」のイメージをもつ曲となり、現在はデパートなど店舗の閉店時に流れることもある。本家スコットランドではどうであろうか。エディンバラでこの歌が歌われる代表的場面、十二月三十一日を覗いてみよう。

大晦日にこの歌を歌う習慣はスコットランドに限らない。しかし、バーンズの生地スコットランドの年末におけるこの歌の用いられ方は、格別のものがある。スコットランドの年末はクリスマス一色である。本来クリスマスはイエス・キリストの生まれた十二月二十五日を始めとし、東方の博士たちがベツレヘムの馬小屋まではるばる旅して来て、赤子のイエスに会う一月六日までの十二夜をいう。したがって、日本でいう「年末年始」はイエスの誕生を祝うクリスマスの期間内である。特に十二月三十一日は、スコットランドではホグマニー（Hogmanay）と呼ばれ、土着的雰囲気を帯びた大きな祭りが繰り広げられる。とりわけ「エディンバラ・ホグマニー」は世界でも最大級の冬祭りである。

生誕日の十二月二十五日を過ぎ、翌二十六日はボクシング・デイという静かな休日となる。そして、二十七日からホグマニーに向かって街を挙げての行事がひしめき合う。暗い真冬のエディンバラの街を煌々と照らすイルミネーションの中、クリスマス・マーケットはいっそう賑わい、プリンシズ・ストリート・ガーデンに造られた即席のスケート・リンクでは大人や子どもが陽気に滑り、一夜のうちに建てられた遊園地の絶叫マシンの数々が人々を夢中にさせる。この絶叫マシン、突然姿を現すので、突貫工事ではないだろうか、大丈夫だろうかと不安になってしまう。しかも日本の絶叫マシンよりはるかにスピーディーである。これまで事故があったという話はきかないので安全なのだろうとは思うが、私は乗ったことがない。プリンシズ・ストリート・ガーデンには特設ステージも作られ、ロックバンドが熱演する。各教会ではクリスマス・コンサートが華やかに行われる。

スコットランドの年末は火祭りでもある。エディンバラではプリンシズ・ストリート・ガーデンの空を染める幻想的な花火はもちろん、一般の人々や観光客を巻き込んだトーチライト・プロセッションが行われる。最初に私がこれに参加した二〇〇七年頃は、まだそれほど大規模なイベントではなかった。あらかじめトーチの引換券を購入し、ロイヤル・マイルのセント・ジャイルズ大聖堂前に集合する。一人一人に大きなトーチが渡される。やがて先頭から火がまわってきて、全員のトーチが赤々と燃え上がる。バグパイプ軍団の先導のもと、なごやかに行進していくが、ウェイバリー駅あたりで振り返ると、旧市街から新市街へと下って来る光の波が素晴らしい効果を上げている。終着点はカールトン・ヒルの頂上である。そこでトーチを消し、バイキングとの闘いの勝利を祝い、花火を見物する。ところがこのたいまつ行列の評判は、海を越えてヨーロッパ各国やアメリカに知れ渡った。二〇一九年に参加した時には大変な規模に膨れ上がっていた。国外からの参加者が激増し、集合場所も一か所では足りなくなった。セント・ジャイルズ大聖堂前に加え、ノース・ブリッジ、サウス・ブリッジなど旧市街と新市街を結ぶあたりにいくつもの集合場所が設けられた。ルートも変わり、数多くの集合場所からロイヤル・マイルで合流し、ホリルードまで歩いて行く。警備の警官やボランティアの警備員たちが大勢で通りをかためる。スコットランドの火祭りは、ヨーロッパでも人気の年末行事として定着しつつあるようだ。

そしていよいよホグマニー、十二月三十一日である。プリンシズ・ストリートはこの日車両進入禁止となり、いくつもの特設ステージが設けられる。人々はそぞろ歩きながら音楽を楽しむ。屋台もたくさん出ているが、アルコールは禁止である。これが祭りを安全に楽しく進める重要なポイントになる。いよいよ真夜中になると、これまでにないほどの豪華な花火がプリンシズ・ストリート・ガーデンの空に打ち上げられる。この日のために設置された大スクリーンには、プロの歌手が現れて人々を歌にいざなう。人々は誰かれなく腕を組み、《Auld Lang Syne》を熱唱するのだ。「さあ君、握手をしよう」の節が来ると、人々は腕を交差させ、右手で隣の人の左手を、左手で反対隣りの人の右手を握る形をとる。《蛍の光》のよく知られたメロディが、古都エディンバラに満ち溢れる。エディンバラ城は昔と変わらずそれを見下ろし、通りにたたずむ歴史的人物たちの像もその歌声の中にあって、共に祝典をわかちあっているかのようである。

「さあ君、握手をしよう。
しっかりと握ってくれ。
そして、思いっ切り、ぐうっと飲もうよ。
われらの長いつきあいを記念して。」

これは別れの歌ではない。訪れる新たな年にも共に歴史を刻むべく、互いの健康を祈り友情を
誓いあう人間愛賛美なのだ。

おわりに――オルガン弾きの視点

エディンバラの教会音楽を初めて耳にしたときの印象が「骨太」だということは、本書の冒頭に記した。「骨太」、この曖昧な印象の正体を探るためにエディンバラに滞在したわけであるが、今はその全体像とは言わないまでも、本質的な一面が理解できたように思う。

これまで語ったように、スコットランドの教会音楽は歴史に翻弄されてきた。それが奈落の底から這いあがり生きのびていくために、王室をはじめとするオーソリティの庇護を受けることはいっさいなかった。教会での合唱の復活はアバディーンシャーという北部の小さな地区にはじまり、むしろ権威と闘いつつ、名も無き一般の人々の心を捉えていくことで成功した。オルガンも長い年月権力者によって否定され続けた。しかしそれに負けることなく、音楽の力を信じる人々が法的圧力に耐えながら辛抱強く前進した。

世界大戦の傷跡から生まれたフェスティバルは、ナチスに国を追われた亡命者の強い思いをエディンバラ市が受け止めたことから始まった。軍楽隊の本来の姿を取り戻すミリタリー・タトゥーや、アンダーグラウンドを貫き、誰もやったことのない演出を探り続けるフリンジの挑戦にも同じ精神が流れている。そして、このような国民性が紡ぎ出す理念を学問に反映させ、市民に還元する大学が街の中にある。学生は学びつつ、自発的に街の活動を支える。エディンバラはこのアクティブな循環によって作られ、動く街なのだ。

さて、オルガン弾きとしての私もこの一年間で、新鮮な発見をした。

オルガン弾きは若いうちから旅をせねばならない。一台一台がまったく異なるオルガンという楽器を使いこなすには、とにかくフィールドワークが必要だ。さまざまなタイプのオルガンと数多く出会うことによって、こちらの引き出しも増えてくる。一つひとつの引き出しの中身も豊かになって来る。世の中にはずいぶん変わったオルガンもあるし、演奏台とパイプが別の部屋にあるものや、広い大聖堂のあちこちにパイプが分散しているものもある。演奏者はタイム・ラグと仲良くなる必要がある。また、ショート・オクターブという特殊な並び方をしている鍵盤を備えたオルガンもある。ちょっと触れれば音が出てしまうほど軽い鍵盤、逆に体重の全てをかけないと鳴らないような重い鍵盤、足が届かないほど広がっているペダル、つま先でそうっと踏まねばならないほど小さなペダルなど。十七世紀に作られたオルガンと二十世紀に作られたオルガンでは、当然想定された演目もまったく違う。さらに、きちんとメンテナンスされていないオルガンというのもたくさんある。演奏の最中に音が鳴りっぱなしになったり、鍵盤が上がってこなかったりというアクシデントはすべて想定内であり、オルガニストはそんなときでも、涼しい顔で切り抜けなければいけない。いかなる場面に遭遇しようとも、経験値が高ければ何とかなるものだ。

とは言っても、隅々まで整備されたクオリティの高い楽器であれば、やはり安心して演奏できるし、楽曲をオルガンそのものが引き立ててくれる。だからこそオルガニストは、優れたオルガンを求めて教会や学校、コンサート・ホールを巡り歩く。しかし私はエディンバラで、それとは異なる視点に立つオルガニストのあり方に出会った。

正直に言って、やはりドイツと比べるとオルガン自体には不満があった。エディンバラのオルガニストたちはまるで呼吸をするように、自然に完璧な演奏をするが、彼ら自身自国の楽器に難があることはよく知っている。また、ドイツやフランス、オランダの歴史的なオルガン建造者や楽曲についても、教会音楽の高い教育を受けているかれらは知り尽くしている。しかし、かれらのオルガニストとしての仕事を見聞きして感じるのは、あくまで「与えられた楽器を生かして良い演奏をする」という基本的姿勢だった。

オルガニストは音楽家であると同時に技術者である。今、自分が向かっている楽器をいかに生かすか、それが仕事なのだ。かれらのその姿勢は、楽器に対する優しさとなって表れていた。オルガニストたちと話をしたとき、自分が本拠地とする教会や学校、ホールの楽器についての愚痴や不満を漏らすのを聞いたことがない。それでいて、かれらはいつもほぼ完璧な演奏をする。私もいくつかのオルガンを弾かせてもらい、かれらの仕事ぶりに学ぼうとしたが、「与えられた楽器」がそれほどハイクオリティでもなければ、十分に調整されてもいない場合でもつねに、当たり前のように安定した「良い演奏をする」ことがどれほど難しいか、どれほど高い技術や音楽性を求められるかを知った。

決して恵まれているとはいえないスコットランド教会音楽史の中で育まれた、かれらのオルガニストとしての姿勢は、大げさに言えば「信念」であろう。しかし、そんな仰々しい言葉は似つかわしくない。音楽を学ぶ機会を与えられて、それを仕事とする人生を得た幸運に感謝し、神と人とのためにそれを使う、現実的かつ明快で、いかなる状況に置かれようとも変わらないあり方である。

執筆を進める中で私は、あらためてスコットランドの歴史、エディンバラという街の成り立ち、大学と啓蒙、教会史、フェスティバルの歩みなどを総括的に見ていったが、この街に住む私の同業者、教会音楽家たちの姿勢は、そのままエディンバラの歴史上に生きて来た人々のあり方に一致することを思い知った。かれら教会音楽家もまた、この街の波乱万丈の歴史を背負い、それに連なる者として働いており、エディンバラという街の循環を作る人々である。なにものにも左右されない、ゆるがぬ教会音楽への姿勢は、かれらの顔をいつも明るく輝かせ、かれらの技をますます鮮やかに磨きあげる。かれらは与えられた楽器をどう生かして礼拝にふさわしい彩りを与えるか、教会をどう活気づけるか、人々にどう寄り添うか、その一点をみつめて迷いなく日々を過ごしていく。

この街には人を動かし、活性化させ、ひいては歴史を動かすエネルギーがうごめき、ひしめき合っている。その力強さは、将来世の中がどのように変化しようとも弱まることはないだろう。いや、むしろ社会的、経済的、政治的な負の要素が襲ってくれば襲ってくるほど、そこからまた大きな希望への変動を巻き起こすに違いない。

参考文献

第一章（スコットランドとエディンバラについて）

江藤秀一『十八世紀のスコットランド』開拓社、二〇〇八
エリオット、ケネス　およびコリンソン、フランシス「スコットランド」の項、高松晃子・徳丸吉彦訳、『ニュー・グローヴ世界音楽大事典』第九巻、講談社、一九九四
木村正俊編『文学都市エディンバラ』あるば書房、二〇〇九
木村正俊・中尾正史編『スコットランド文化事典』原書房、二〇〇六
キレーン、リチャード　岩井淳・井藤早織訳『図説スコットランドの歴史』彩流社、二〇〇五
近藤和彦編『長い十八世紀のイギリス』山川出版社、二〇〇二
ジョンソン、デイヴィッド　およびゴッドウィン、ノエル「エディンバラ」の項、有村祐輔訳、『ニュー・グローヴ世界音楽大事典』第三巻、講談社、一九九四
スマウト　T・C　木村正俊訳『スコットランド国民の歴史』原書房、二〇一〇
高橋哲雄『スコットランド　歴史を歩く』岩波書店、二〇一四
トランター、ナイジェル　杉本優訳『スコットランド物語』大修館書店、一九九七
中村隆文『物語　スコットランドの歴史』中央公論新社、二〇二二
日本カレドニア学会編『スコットランドの歴史と文化』明石書店、二〇〇八
横川善正『スコットランド　石と水の国』岩波書店、二〇〇〇
Mendelssohn Bartholdy, Felix, *Reisebriefe von Felix Mendelssohn Bartholdy aus den Jahren 1830 bis 1832* (Leipzig : Verlag von Hermann Mendelssohn, 1861)

第二章（エディンバラ大学関連）

Marsden, R. Sydney, *The Tercentenary Festival of the University of Edinburgh*（Edinburgh and London：William Blackwood and Sons, 1884）

New College Edinburgh, *Inauguration of the New College of the Free Church*（London and Edinburgh：Johnstone and Hunter, 2010）

Newman, Sidney and Williams, Peter, *The Russell Collection of Early Keyboard Instruments*（Edinburgh：Edinburgh University Press, 1968）

The University of Edinburgh, *Directory of Collections*（London：Third Millennium Publishing, 2016）

The University of Edinburgh, *St Cecilia's Hall Museum Highlights*（London：Scala Arts & Heritage Publishers Ltd., 2019）

第三章（スコットランドのキリスト教史と教会音楽関連）

飯島啓二『ノックスとスコットランド宗教改革』日本基督教団出版局、一九七六

金澤正剛『キリスト教音楽の歴史』日本キリスト教団出版局、二〇〇一

ブラウン、トマス　松谷好明訳『スコットランドにおける教会と国家』すぐ書房、一九八五

Love, James, *Scottish church music：its composers and sources*（Edinburgh and London：William Blackwood and Sons˙ 1891）

Mathieson, Padi, *The Greyfriars Story*（Edinburgh：The Society of Friends of the Kirk of the Greyfriars, 2000）

Maclagan, David, *St. George's, Edinburgh：A History of St. George's Church 1814 to 1843 and of St. George's Free Church 1843 to 1873*（London：T. Nelson and Sons, 1876）

Munk, Margaret, "Psalm, metrical", Sadie, Stanley J. ed., *The new Grove dictionary of music and musician*（London： Macmillan vol.15, 1990）
Patrick, Millar, *Four centuries of Scottish psalmody*（Oxford： Oxford University Press, 1950）
Temperley, Nicholas, "Psalmody", Sadie, Stanley J. ed., *The new Grove dictionary of music and musicians*（London： Macmillan vol.15, 1980）
The Hymn Tune Index, *A Census of English-Language Hymn Tunes in Printed Sources from 1535 to 1820*（Oxford： Clarendon Press Oxford, 2003）
Wode Psalter Project Team, *Singing the Reformation*（Edinburgh： The University of Edinburgh, 2011）

第四章（オルガン関連）

ナイランド、オースティン　丹羽正明・小穴晶子訳、『パイプオルガンを知る本』音楽之友社、一九八八
日本オルガニスト協会監修『オルガンの芸術』道和書院、二〇一九
Baker, David, *The Organ*（Buckinghamshire： Shire Publications, 2003）
Boeringer, James, *Organa Britanica*（London： Associated University Presses, Inc., 1989）
Buchan, Alan, *Organs in Scotland*（Edinburgh： Edinburgh Society of Organists, 2020）
Clutton, Cecil and Niland, Austin, *The British Organ*（London： Eyre Methuin, 1982）
Stewart, David A., *An Interim List of Scottish Organs*（Edinburgh： The Edinburgh Society of Organists, 1985）
Stewart, David A., *Organs in Edinburgh*（Edinburgh： Edinburgh Society of Organists, 1991）
Williams, Peter, *A New History of the Organ from the Greeks to the Present Day*（Bloomington and London： Indiana University Press, 1980）
Williams, Peter, *The European Organ 1450–1850*（London： BT Batsford Ltd.,1978）

第五章（オールド・セント・ポール教会関連）

ウルフ、W・J　西原廉太訳『聖公会の中心』聖公会出版、一九九五

日本カトリック典礼委員会『ミサの式次第』カトリック中央協議会、二〇二〇

Bertie, David, *Scottish Episcopal Clergy* (London: Bloomsbury T&T Clark, 2001)

Holloway, J. ed., *Old St. Paul's: three centuries of a Scottish church* (Edinburgh: White Rose Press, 1989)

Ingram, Mary E., *A Jacobite stronghold of the Church* (Edinburgh：R. Grant & Son, 1907)

第六章（フェスティバル関連）

Bartie, Angela, *The Edinburgh Festivals：Culture and Society in Post-war Britain* (Edinburgh：Edinburgh University Press, 2015)

Pollock, David, *Edinburgh Festivals：A Biography* (Edinburgh：Luath Press Ltd., 2022)

第六章（ロバート・バーンズ関連）

江﨑公子・﨑眞彦編『唱歌大事典』東京堂出版、二〇一七

奥中康人『国家と音楽』春秋社、二〇〇九

木村正俊・照山顕人編『ロバート・バーンズ』晶文社、二〇〇八

クック、ピーター「バーンズ、ロバート」の項、佐藤望訳、『ニュー・グローヴ世界音楽大事典』第十四巻、講談社、一九九四

難波利夫『イギリス歌曲の研究』東京教学社、一九七七

フィッシャー＝ディースカウ、ディートリヒ　原田茂生・吉田文子訳、『シューマンの歌曲をたどって』白水社、一九九七
ロバート・バーンズ研究会編訳『ロバート・バーンズ詩集』国文社、二〇〇二
Burns, Robert, *Complete Poems and Songs of Robert Burns*（Edinburgh：Create Space Independent Publishing Platform, 2017）
Canning, John（arr.）, *The very best Scottish Songs and Ballads vol. 1-4*（New York：Waltons Publishing, 2007）
Christie, Margaret（arr.）, *Scottish Songs*（Edinburgh：Waverley Books, 2004）
Schumann, Robert, *Lieder I*（New York：C. F. Peters Musikverlag, 2010）

使用聖書

日本聖書協会『新共同訳聖書』日本聖書協会、一九九三

参考音源（CD）

Advent at Old Saint Paul's, The Choir at Old Saint Paul's Episcopal Church, Edinburgh（Edinburgh：Delphian Record Ltd., 2014, DCD34718）
Gaudeamus igitur! Music for Graduation（Edinburgh：Delphian Record Ltd., 2009, LC12979）
Gaudeamus ijitur: John Kitchen plays the Organ of McEwan Hall（Edinburgh: Delphian Record Ltd., 2016, DCD34163）
Great European Organs No.49, Reid Concert Hall（Buckinghamshire：Priory Record Ltd., 1998, PRCD627）

Instruments from the Russell Collection（Edinburgh： Delphian Record Ltd., 2001, DCD34001）

Instruments from the Raymond Russell Collection vol.2（Edinburgh： Delphian Record Ltd., 2005, DCD34039）

Instrument from the Rodger Mirrey Collection（Edinburgh： Delphian Record Ltd.,2010, DCD34057）

John Kitchen plays British Light Music on the Organ of the Usher Hall, Edinburgh（Edinburgh： Delphian Record Ltd., 2018, DCD34212）

John Kitchen plays the Organ of the Usher Hall（Edinburgh： Delphian Record Ltd., 2004, DCD34022）

John Kitchen plays Handel Overtures on the 1755 Kirckman harpsichord from the Raymond Russell Collection（Edinburgh： Delphian Record Ltd., 2009, DCD34053）

Music from the Age of Louis X V, John Kitchen plays the 1769 Taskin harpsichord（Edinburgh： Delphian Record Ltd., 2012, DCD34112）

The Organ at the Met, St Mary's Metropolitan Cathedral（U.S.A.: Zerex Corporation, 2008, CD7222）

Organs of Edinburgh（four CDs with a book, Edinburgh： Delphian Record Ltd., 2010, DCD34100）

The Organ at the Met, St Mary's Metropolitan Cathedral（U.S.A.: Zerex Corporation, 2008, CD7222）

謝辞に代えて

　エディンバラは大変暮らしやすい街である。人々はおおむね上機嫌で、ちょっとしたことで笑顔がこぼれる。人間関係はカラッとしていて、しかも心がこもったつき合いをしてくれる。二〇一二年九月に帰国してから教員生活に戻り十年が過ぎた。その後も毎年のようにエディンバラを訪れ、多くの新たな友人を得、オルガンコンサートなどを行い、さらに未知であった土地へ足をのばした。また日本国内でも、何度か日本スコットランド学会において、エディンバラと音楽について発表する機会を得た。二〇二二年には、日本スコットランド学会、日本スコットランド協会の後援のもと、「音楽で綴るスコットランド」と題する音楽会を開催し、シューマン作曲の《メアリー・ステュアートによる五つの詩》や、バーンズの詩にさまざまな音楽家が曲をつけた作品を紹介した。

　この間、エディンバラにも少なからぬ変化があった。英国首相は四回変わり、ＥＵを離脱し、街の商業化が進む半面、経済の不安定さも感じさせられる。コロナ感染の拡大が追い打ちをかけ、プリンシズ・ストリートでのショッピングの拠点だった二つの百貨店、ジェナーズとデベナムズが閉店してしまった。特にジェナーズは、十九世紀から続く老舗だっただけに、残念きわまりない。

しかし、エディンバラ国際フェスティバルやミリタリー・タトゥーは再開され、観光客も戻ってきているようである。二〇一二年当時は工事中だった路面電車もついに開通し、私が住んでいたリース付近に路線が伸びて、街の再開発が進行している。過去の栄光や伝統をドライに捉え、感傷に流されることなく街の空気を創っていくスコットランド人は、何があろうとも通常運転であり、今やるべきことを着々とこなしていく。

今回、一冊の書物として、音楽の面から見たエディンバラを紹介することができた。本来一介の演奏者でしかない私だが、エディンバラに魅せられ、その魅力をなんとか文章化したいという願いに突き動かされて、こつこつと綴っていった。とにもかくにも本書が完成に漕ぎつけたのは、周囲に励ましていただいたことがなにより大きい。エディンバラ滞在の機会を私に与えてくださった桜美林大学、本書の執筆を促してくださった大学出版局の皆様、拙稿が日の目をみるよう編集の労をとってくださった論創社にまず感謝の意を表したい。また客員研究員として受け入れてくださったエディンバラ大学神学科とエリザベス・ケッピング博士、教会音楽の大きな学びの場に私を置いてくださったオールド・セント・ポール教会とジョン・キッチン博士、さらにエディンバラで知り合った多くのオルガニストや友人たちにも心からの感謝をささげたい。

スコットランドは、タータンやハイランド・ドレスといった民族衣装、バグパイプに代表される民族音楽、そしてウィスキーで知られる観光立国ではあるが、歴史の中で培われた国民の特質や、精神風土といったものは意外なほど知られていない。多くの方々がこの本を手に取り、音楽を一つの窓としてスコットランドを知り、関心を持ってくだされば、こんなにうれしいことはない。

東京にて

◎桜美林大学叢書の刊行にあたって

「隣人に寄り添える心を持つ国際人を育てたい」と希求した創立者・清水安三が一九二一年に本学を開校して、一〇〇周年の佳節を迎えようとしている。

この間、本学は時代の要請に応えて一万人の生徒・学生を擁する規模の発展を成し遂げた。一方で、哲学不在といわれる現代にあって次なる一〇〇年を展望するとき、創立者が好んで口にした「学而事人」（学びて人に仕える）の精神は今なお光を放ち、次代に繋いでいくことも急務だと考える。

一粒の種が万花を咲かせるように、一冊の書は万人の心を打つ。願わくば、高度な知性と見識を有する教育者・研究者の発信源として、現代教養の宝庫として、さらには若き学生達が困難に遇ってなお希望を失わないための指針として、新たな地平を拓きたい。

この目的を果たすため、満を持して桜美林大学叢書を刊行する次第である。

二〇二〇年七月　学校法人桜美林学園理事長　佐藤　東洋士

横山正子

（よこやま・まさこ）

学習院大学文学部、横浜国立大学大学院修士課程修了。洗足学園音楽大学オルガン科卒業。オルガン新人演奏会出演後、ドイツ国立メンデルスゾーン・バルトルディ音楽演劇大学（旧ライプツィヒ音楽院）に学ぶ。日本国内のほか、ドイツ、オーストリア、スイス、イタリア、ハンガリー、ポーランド、英国、アメリカ合衆国で演奏会を行う。CD「メンデルスゾーン オルガン作品集」（ビクターエンタテインメント株式会社）は「音楽の友」推薦盤に選ばれた。2003年より桜美林大学助教授、2008年より教授。同大学オルガニスト、聖歌隊指導者をつとめる。2011年より2012年まで、英国エディンバラ大学客員研究員として在英、エディンバラ大学神学科オルガニスト、オールド・セント・ポール教会聖歌隊員として教会音楽に関わった。現在桜美林大学名誉教授。オルガン音楽スタジオ「トッカータ」主宰。日本スコットランド学会、日本音楽学会、NPO日本スコットランド協会、日本オルガニスト協会会員。

エディンバラ賛歌《さんか》
——大学《だいがく》・教会《きょうかい》・街《まち》に満《み》ちる音楽《おんがく》——

2023年8月25日　初版第1刷発行

著者	横山正子
発行所	桜美林大学出版会 〒151-0051　東京都渋谷区千駄ヶ谷1-1-12
発売元	論創社 〒101-0051　東京都千代田区神田神保町2-23　北井ビル tel. 03（3264）5254　fax. 03（3264）5232　https://ronso.co.jp 振替口座　00160-1-155266
装釘	宗利淳一
組版	桃青社
印刷・製本	中央精版印刷

ISBN978-4-8460-2317-1